斎藤喜博

その全仕事

小林　篤

一莖書房

まえがき

斎藤喜博（1911～81）は小学校に入った時、担任の教師に「将来何になりたいか」と問われ、「先生」と答えたというが、私の志望も斎藤と同じであった。だから、そのまま行けば、私も初志を貫いて小学校の教師になったはずである。

ところが私が小学校を出る時、敗戦で学校制度が改革されて六三制が発足し、小学校教師になる学校である師範学校が廃止されてしまった。そのため私は自動的に新制中学、高校と進み、大学は教育学部に入ったが、そこでは小学校の教員免許状は取得できないことを入学してから知った。大失態であったが、当時は受験情報と言えば旺文社の『蛍雪時代』しかなかった呑気な時代でもあった。そんなわけで、私は行き場を失って大学の体育教員になったが、小学校教育へのあこがれ・関心は抱き続け、小学校の体育授業を自身の研究課題とするようになった。

そんな折、大学前の書店で教育書の棚の前に立ったところ、斎藤喜博著『授業入門』という本の背文字が「読んで下さいよー」と呼びかける感じで目に飛び込んできた。ちょうど島小教育真っ最中の頃だったが、私はそんなことは知らず、この時、初めて斎藤喜博という名を目にして、これがどんな人かわからなかったが、「何か役に立つことが書いてあるかもしれない」と思い、買って帰った。ところがこの本には、私がそれまで見たことも聞いたこともないすばらしい教育実践の事実と、それに基づく「目からウロコ」の教育論・授業論がギッシリ書かれていて、私は圧倒されてしまった。

これ以後、私は斎藤の著書の愛読者になり、後には斎藤が主宰する教科研教授学部会や教授学研究の会に参加した。これらの会では、私は熱心な会員ではなかったが、斎藤に対する畏敬の念は『授業入門』での出会い以来、今日まで半世紀以上、変わることがなかった。本書は、そういう思いに基づいて書いた斎藤の評伝である。

斎藤喜博の評伝は、すでに何冊も刊行されている。しかし、斎藤は希代の教育者であると共に教授学の構築に志した研究者であり、30巻もの全集を持つ著述家でもあり、アララギ派で名を知られた歌人でもあり、また若い頃は活発な組合活動家でもあった。このように、斎藤の仕事は極めて多面的であるが、教育関係者が著している斎藤喜博伝は、総じて斎藤の教育の仕事に叙述の重点が置かれ、その他の仕事についての考察は手薄であり、一方、歌人の書いた評伝は斎藤の歌の仕事だけが論じられている。

しかし、斎藤の成し遂げた仕事は相互に関連しているから、例えばその中の教育の仕事だけを分析しても彼の教育を本当に深く理解することはできない。斎藤の「全仕事」を見ることによって、「斎藤喜博」の全体像を把握することができると共に、その一つひとつの仕事も理解することができるのである。そのように考えて、本書は斎藤喜博の「全仕事」の考察を試みたものであり、そこに本書の独自性があると筆者としては自負している。

目　次

第1章　教育（1）……69

第2章　教育（2）……119

第3章　合　唱……147

第4章　教授学……173

第5章　短歌……199

序章　斎藤喜博の生涯

1　青年教師時代

1　小学校の教師になることが夢

斎藤喜博は生前よく、「私は明治の生まれで……」と半ば自慢そうに語っていたが、明治も末の44（1911）年、群馬県佐波郡芝根村（現玉村町）に生まれた。父親は竹細工職人だったというが、年の離れた兄と姉は小学校の教師で、弟も小学校の教師になったから、斎藤家は教師一家であった。斎藤も小学校に入った時、担任教師から将来何になりたいかと聞かれて「先生」と答え（『可能性に生きる』66年、文藝春秋、9頁）、初志を貫いて群馬県師範学校に入学した。当時は、小学校を卒業した後師範学校（5年制）に入ることが小学校教師になるための道であった。

しかし「点をとるだけの勉強をこせこせとやっている友だちに反撥し、またそういう勉強だけを強要する学校に反撥して、幼稚な短歌をつくったり詩をつくったりしていた。そして5年生になったときは、「上州新報」という新聞の文芸欄や短歌雑誌や斎藤茂吉先生が選歌をしていた東京日日新聞に短歌を投稿したりしていた。」（右掲書20頁）

1930（昭和5）年に卒業して隣町の玉村尋常高等小学校の教師になった。尋常高等小学校とは、4年制で義務教育の尋常小学校に2年制の高等小学校が併設された学校のことである。玉村小に勤めたのは、この学校には宮川誠一郎というすぐれた校長がいるという姉の薦めがあり、遠縁に当たる県視学が宮川校長と話を決めておいてくれたからだという（右掲書27頁）。

2　玉村小学校の時代

(1) 闘病生活の20代

新任の年の夏、胃下垂になったのを発端に、斎藤は諸病を患ってしばしば欠勤し（右掲書39頁）、斎藤の20歳代は闘病の時代であった。「我よりも体重の多きをとめごの幾たりかを体格検査表より拾ひ出だしぬ」（25歳の時の歌――『羊歯』）というような状態であった。

そのため、当時は国民皆兵で、満20歳の時の徴兵検査で甲種、乙種と判定された健康な若者はみな軍隊生活を送ったが、斎藤は病弱者であることを意味する丙種合格で、太平洋戦争中も兵役に就くことを免れた。26歳の時に詠んだ「応召兵の多くある村より山の温泉《ゆ》に来て申しわけなくわれは思へり」「身内には軍籍にあるもののなきことを気兼ねつつ老いし兵を送りぬ」（『羊歯』）というような歌は、当時の斎藤の屈折した気持ちを表している。

(2)「学習法」と「合科教育」の実践

玉村小は宮川校長の下、学校をあげて、大正自由教育の象徴的存在だった奈良女子高等師範学校附属小学校（木下竹次主事）の「学習法」や「合科教育」に学んで熱心に取り組んでいたので、斎藤もその実践の輪に加わった。

「学習法」というのは、一斉指導を排し、まず子どもたち一人ひとりがそれぞれ課題を持って学習する「独自学習」、そして次にその学習結果を発表して学び合う「相互学習」という段階を踏んで子どもたちの自律的な学習を育てる指導法であるが、玉村小ではこれをもっと細分化して行っていた。当時のことを斎藤は、はるか後年、都留文科大学での集中講義で学生に次のように語っている（「私の歩んできた道」『開く』30号、77年）。

「当時奈良の女高師に木下竹次というたいへん偉い校長がいたんです。一年生なんか机を丸くしまして、その周りでみんなが勉強するというようなすばらしい教育をやっていたんです。……（それに玉村小は学んだが）ぼくは独自学習とか相互学習というのをまたつくり出していった。しかし、もとは奈良の方にあった。そういう学校でした。」

しかし、皆が「奈良詣で」をする中で斎藤は出かけなかった。「奈良の学習法」にヒントを得ながら、妄信するのでなく、自らの「学習法」を創り上げていったのである。若かったにもかかわらず、斎藤の授業には参観者が多かった。群馬師範の教師も、教生を引率して斎藤の学習法の授業を参観したが、「奈良でもあれだけの深い学習はなかった」と語ったと斎藤の日誌に記されている（『教室記』）。

（3）克明な「教室日録」

斎藤は、自身の授業実践を「教室日録」と名付けた大判の大学ノートに克明に記録した。その様式は、翌日の授業の予定や計画を書く「予記」の欄、毎日放課前に行う反省会で話す材料を書く「備忘」欄、その日の教育生活中に浮かんだ断想を書く「随感随想」の欄、その他「欠席者」「健康診断」「指導記録」「反省会」の欄等々。朝も授業中も休み時間も放課後も必要に応じて書き込み、その結果毎日ノートが真っ黒になったという（『教室記』）。

後に斎藤は、村の風物や子どもの生活を克明に記録して、それを材料に『川ぞひの村』という童話を書き、また幼い長女の言動を記録して『カヤコチャン』という絵本を出し、全集には斎藤自身が手帳に毎日記録した詳細な「年譜」が載っているが、とにかく手間を惜しまず記録をとるというのは斎藤の特質であった。

（4）旺盛な執筆・出版活動

①『教育論叢』への執筆

斎藤は授業実践の記録をとるだけでなく、これを積極的に文章に著した。処女作は、教職4年目に『教育論叢』という雑誌の1934年2月号に載せた「漢字の負債」という論稿であった。これは70人を超える学級（当時は学級定数が70人だった！）の子どもたちの中の、漢字の読み書きが不十分な子どもへの指導を記録し考察したものであった。

この雑誌は、教師が学級の事実を記録し研究することによって実践の向上を目指すことを方針としていて（吉村敏之「雑誌『教育論叢』における事例研究」『宮城教育大学紀要』42号、07年）、これは斎藤の教育方針と一致していたから、彼はこの雑誌に7年間で24編もの教室実践の記録を載せた。

また35年には、校内に実践を語り合う研究会「土耀会」を作り（斎藤も含めメンバー5人）、研究誌『草原』を発行した。

②『教室愛』の出版

『教育論叢』に発表した論稿がかなりの分量になったので、多くの人々から「これをまとめて本にするように」と勧められ、教職について11年目の41年に初めての著書『教室愛』（三崎書房）が出版された。斎藤30歳、結婚した年であった。

この本は、「私の組の教育」「病中の私と学級の子ども」「学級の喜び」「放課後の子ども」の4編から成り、このうち「私の組の教育」は斎藤の学級経営の方針とその具体的な姿が描かれた実践的教育論である。それ以下は『教育論叢』に発表されたもので、「病中の……」は胃腸病で入院中の斎藤と師を案じる子どもたちとの交流が記録された斎藤の日誌、「学級の喜び」はその補遺。また「放課後の……」は、「教室日録」の「随感随想」に書かれた短いコラム的な文章106編から成っている。

全体を通じて、教室での実践の事実をていねいに記録し、そこからよりよい教育の方法と理論を追求する内容で、斎藤は「私の思想は一貫しており、私の教育への考え方、学級教育の大要は記し得たつもりである」と「あとがき」で自負している。

③『教室記』の出版

続いて42年に『ゆずの花』、43年に『教室記』が相次いで出版された。『ゆずの花』は児童の作品集で、これは6章の3で触れる。

『教室記』は「教室日録」がまとめられたもので、ある教育学者（氏名不詳）が取次から書店に配布される「新刊弘報」に次のように紹介してくれたと斎藤が後に出た『斎藤喜博著作集』第1巻の「あとがき」で引用している。

「（本書は）『教室愛』によって教育界に異常な反響を与えた著者の第二作である。本書は著者の13年間の児童教育の実践記録である。それぞれ異なる性格や個性を持つ学童を如何に教育したかを日記体に記し、その中に著者の生き方、教育意見を折り込み、更にそれらの教えを受けた子供の感想を記し、教育状況その他を記述したものである。」

斎藤はこの本の「あとがき」で、『教室愛』と『教室記』は「幼い古い本」であるとした上で、しかしこれらの中に「島小実践の素朴な原型のようなものも幾らかはあるはずである」と書いている。彼は、『教室愛』『ゆずの花』『教室記』を「教育3部作」と呼んだが（『教室記』あとがき）、これらは、彼の膨大な著作の出発点であった。

（5）短歌

斎藤は真摯に教育の仕事に打ち込んだが、「しかしどんなに一生懸命やっても仕事だけでは私はみちたりなかった。病弱の身に鞭打って働けば働くほど云ひやうのないさびしさが襲って来たりして堪へられなかった。歌はやはり私にはなくてはならない心の支へであった」（『羊歯』巻末小記）。

教職3年目（32年）21歳の時、斎藤は前橋の書店で歌誌『アララギ』を知り、選者の一人である土屋文明の歌風に惹かれ、また氏が郷土出身でもあったことから土屋の選を受けたいと願ってアララギに入会した。最初は実名を出すのが恥ずかしく、博葵志などの筆名で投稿したが、32年8月号に結城哀草果選で「病床にして我が作りたる唱歌を子等に教えぬ雨けぶる夕」他1首が初めて入選した。

ところが、斎藤の歌はいつも土屋以外の選者の所に廻るので、彼は意を決して土屋に手紙を出し、選をしてもらうよう依頼した。その結果、33年5月号の3段組（新人の欄）の末尾に初めて土屋選で「昨夜一夜寝汗かきつつ夢みしがあけがたしまし深く眠りぬ」など彼の歌が3首載った。以来彼は土屋を生涯の師とし、作った歌はすべて土屋の選を受け、選を通った歌以外は発表しないという徹底ぶりだった。歌人の田井安曇は「斎藤の土屋文明を信ずることは、いささか親鸞の法然を信ずるに似る」と評している（『ある歌人の生涯』89年、短歌新聞社、194頁）。

3　芝根小学校時代

(1) 校長に疎まれ転任

玉村小4年目に宮川校長が転出したが、それ以後の歴代の校長とは、斎藤は「新刊書購ひて読むを若者の衒学と言ふ校長を憎みき」という関係になり、納得できないことには校長に対しても臆せず反対意見を述べるので「個人主義者自由主義者なりとことごとに此の頃われは憎まれをりぬ」(『羊歯』)という状態になった。そして1943年、出身校である芝根村国民学校に転任させられた(41年から戦時体制で小学校は国民学校と改称されていた)。「自由主義者で反抗者だ」というレッテルを貼られ、国賊のように言われて要注意人物という申し送りだったという(『可能性に生きる』116頁)。この辺のことを斎藤は、「小さい歴史」と題して国分一太郎編『石をもて追われるごとく』(46年)という本に小説仕立てで書いている(『斎藤喜博全集』第11巻所収)。

(2) 上野省策との出会い

太平洋戦争でわが国が敗色濃厚になった45年、米軍機の爆撃を逃れて東京の小学生たちが日本各地の田舎へ学校ごとに集団疎開したが、芝根村の寺には新宿の落合第4国民学校の児童が図画専科の上野省策教諭の引率で疎開してきて、芝根校に編入された。この時、上野は挨拶に出向いた芝根校で初めて斎藤に出会ったが、斎藤は美術に深い関心があり上野は短歌に関心があったので、同い年だった2人はたちまち意気投合し、以来生涯にわたる交友が続くことになった。このことは、「2章　教育（2）」で詳しく見ることにする。

（3）歌誌『ケノクニ』の発行

同年8月15日敗戦。発行所や印刷所が空爆で焼失し、また紙不足のためもあって休刊を余儀なくされていた『アララギ』はいち早く復刊したが、紙不足は相変わらずで会員の膨大な歌稿を全部載せることができない。そこでアララギを主宰する土屋文明は、全国各地の支部でそれぞれ独自に歌誌を発行するプランを立て、群馬では『ケノクニ』（毛の国）という歌誌を発行することにして編集・発行人に斎藤を指名した。

斎藤は「感激」し、自宅を発行所にして自身が新人の歌の選に当たり、経験者の歌の選は斎藤宅から2時間の吾妻川渓谷に疎開していた土屋に選を依頼して『ケノクニ』の編集発行の仕事に携わった。

彼は毎月歌稿を携えて土屋の元に通い、土屋が東京に帰ってからは東京まで通い、亡くなるまで35年間、1号も欠かすことなく毎月発行を続けた。創刊当時『ケノクニ』の発行部数は1300部で、月々これだけの部数を出す地方歌誌は「歌壇でも異例であった」（大井恵夫『土屋文明――その故郷と歌』73年、煥乎堂、172頁）という。

（4）相変わらず続く旺盛な執筆・出版活動

芝根小時代も斎藤の執筆・出版活動は旺盛だった。敗戦翌年の46年には『童子抄』と、斎藤の長女・草子《かやこ》の独り言を綴った絵本『カヤコチャン』が出版され、続いて童話『川ぞひの村』（47

年）、『続　童子抄』（50年）が出た。

『童子抄』では、教室の具体的な事実に即して教育・授業の哲学が平明に綴られている。学習法についての記述も多く、「私は研究授業のときなど相互学習という一斉的取り扱いをすることがあるが、1時間中に2、3回きり口をきかなかったり、板書も2、3字ですましたことが多かった」と書かれていたりして、60年余りを経た今日でも教育原理・教育方法のテキストとして十分に使える内容である。

続く『続　童子抄』は、「新しい教育のために」「三つの記録」「田螺の言葉」という3編から成る。「新しい……」は戦後折にふれて書きためられた教育・授業論で、「三つの……」は合科教育についてすでに他に発表されたことのある3編の論文、また「田螺の……」は斎藤が49年末から携わった県教組文化部長時代に機関誌『文化労働』に連載した論説の集成である。『カヤコチャン』と『川ぞひの村』については6章で触れる。

4　教職員組合で先頭に立っての活動

(1) 佐波郡教員組合の理事に

敗戦によって、わが国の教育は軍国主義教育からアメリカ流の民主主義教育に大転換した。これまで「アカだ」とされ、危険思想の持ち主だとされてきた斎藤にとっては、新しい希望の持てる時代の到来であった。

教員組合を結成する動きが全国に広まり、群馬県でも1946年1月に郡単位に教員組合が結成され、佐波郡では設立準備会に参加した斎藤が理事に選ばれた。ところが、選ばれた10人の理事のうち8人は校長で、ヒラの教員は斎藤を含む2人だけだった。教員組合とはどんなものかよくわからないままに、とにかく民主教育に乗り遅れてはいけないということで校長たちが先頭に立っていたから、役員選挙をすれば校長が選ばれるのは当然であった。

しかし斎藤は、戦争中は軍国主義教育に加担していた校長が、民主教育の時代になってすぐに組合役員になりたがるのはおかしいし、またそういう校長を役員に選ぶ一般の教員も自覚が足りないとして理事の総辞職を主張し、2月に再び選挙が行われ、今度はヒラの教員が4人になって斎藤は教育部長という役につくことになった。斎藤34歳であった。

(2) 理事会に反発して辞任

3月に開かれた佐波郡教員組合の総会で、教育部長の斎藤は、「いま必要なのは一人一人の教師がじっくりと腰を落ち着けて勉強し実践することであり、怠け者の教師や勉強しない教師は、みんなの力でしっかりした教師にし、しっかりした組合にしていくことである」という提案を行った。

しかし理事会では、「組合は政治闘争を」という威勢のよい主張が支配して、「まず教師が勉強を」などと言うのは斎藤だけであり、ここから「斎藤は保守的だ」という批判が生まれた。戦時中は「左だ」と批判された斎藤が、戦後は「右だ」と批判されることになったのであり、これに嫌気がさした斎藤は理事を辞任してしまった。この当時の斎藤の姿を、『カヤコチャン』の編集者だった平井芳夫は「白皙、長髪、鋭鋒まことに当たるべからざるものがあった」と書いている（斎藤喜博全集月報1、69年）。

（3）玉村中学校時代の主導的活動

47（昭和22）年には教育基本法が公布され、新しい学制（六三制）が発足したが、斎藤はまたも校長に疎まれて新制玉村中学校に転勤させられた。しかし、若い教育研究者として盛名が高まっていた斎藤は、自らが主導して設立した西佐波教育会（玉村など5町村の小中学校全職員が加入する研究会）の副会長に選ばれ、新教育について各地の青年団で講話をしたり、佐波郡中学校長会で講演をしたりして多忙を極め、毎夜11時、12時まで飛び回っていたという（『可能性に生きる』173頁）。ここにはもう、療養生活を繰り返していた頃の病弱な姿はない。

この年には、日本教職員組合（日教組）が結成された。一時役職を退いても周囲が放っておかないのであろう、この翌年には斎藤は県教組佐波支部の人事委員長になっていて、組合員に校長の与論調査を行って校長を震え上がらせたりした。夏には、佐波教組大会の議長を務めた。

（4）教組再建の活動

その後、労働運動が激化し、また大陸では共産中国が誕生したりしたため、これまでわが国の民主化を推進してきた占領軍当局（ＧＨＱ）が方針を転換し、教職員の政治活動の禁止を文部省に求め、これを受けて文部省は、全国教育長会議で共産党員とその同調者である教職員を追放するよう指示した。レッドパージである。これによって、全国で1700名、群馬県でも組合幹部を含む38名の小中高教員が教壇を追われた。そのため、群馬県教組は役員を選び直して再建する必要に迫られたが、GHQは、役員は全組合員の投票によるなど県教組の規約改正を求めてきた。そのため斎藤は、県教組でこの規約改正の委員になり、佐波支部では再建小委員長に選ばれた。

ところが、このように組合に逆風が吹き始めると群馬県下の校長は次々に組合を脱退していくようになり、佐波郡では校長会連名で脱退届が出された。組合と校長会の話し合いで、斎藤は校長会のご都合主義を非難し、脱退は校長会として決めることではなく校長個々の判断に委ねるべきだと主張し、出席した校長一人ひとりを指名して回答を迫ったりしたが、結局ほとんどの校長が脱退していった。

(5) 利根川大洪水で蔵書を失う

玉村中に勤務していた頃、斎藤は玉村町斉田の「屋根裏」に間借りして暮らしていたが、47年9月、カサリーン台風(当時は台風にアメリカの女性の名が付けられていた)による利根川大洪水で、生家に置いていた蔵書6千冊が水没してしまった。長い年月をかけて集めた貴重な資料が多く、斎藤は「ズシンと脳天を打ちのめされたような気がし、しばらくくらくらとしてしまった」と述懐し(『可能性に生きる』164頁)、「水に失ひし本を思ふにときどきに胸痛くなる幼子のごと」「水害に会ひし蔵書をリヤカーに引きてくる大根か藷か何かの如く」と詠んだ(『證』)。

2　県教組文化部長時代

1　県教組常任委員・文化部長に

1949年の暮れには、新しい規約で県教組の役員選挙が行われた。と言っても、委員長や書記長はすでに話し合いで内定していて、選挙になるのは文化部長だけだったが、佐波支部は本人に断わりなしに斎藤を候補者に立てた。斎藤はやむをえず立候補を決めたが、委員長が無投票なのは納得できないとして委員長と文化部長の両方に立候補した。そのため委員長も選挙になったが、結果は岩崎久三6969票、斎藤1625票で斎藤は敗れ、文化部長は対立候補が辞退したため斎藤の無投票当選となった。

このようにして斎藤は、同年12月から教育現場を離れ、県教組常任委員・文化部長として前橋の教育会館にある県教組本部に勤めることになった。38歳であった。

2　機関誌『文化労働』の発行

斎藤が文化部長としてまず行ったのは、大会の議を経て月刊の機関誌『文化労働』を発行することであった。これは普通号は32頁、特集号はその4倍のページ数にもなる時があったというが、斎藤は1951年度は毎号、52年度も5回、原稿用紙2～8枚程度の論説を書き続けた。

その第1回目の51年5月号では、「抵抗の精神」と題して、ロダンやコローは作品が依頼主の意に添わなくても作り直すことはしなかったという話を枕に、組合運動も組合員一人ひとりがまともに実践し、まともに勉強し、その力で抵抗することが今もっとも必要なことではないかと思うと論じている。これは佐波支部の理事だった時の主張と同じであり、威勢のよい政治闘争主義の県教組の中でこんなことを言うのは斎藤だけだった。しかも、いきなりロダンやコローが出てくるから、大方の組合員はびっくりしたのではないかと思われるが、同誌は宗像誠也や杉浦明平の論文なども載る格調高い文化誌であった。

しかし、『文化労働』は県下全校が1冊ずつ学校の図書費で買うことになっていたが、実際は組合員が自バラを切っている所が少なくなく、また組合員はできるだけ同誌を外部の人たちにも売ることが総会で決まっていたが売れず、そのため支部長会議では「面白くない」「売れない」という理由で廃刊を主張する声が絶えず出たという。だが斎藤は、「決議だけは威勢よくやるが、実行には少しも骨折らないという今までの組合の行き方を反省してほしい」と主張して一歩も譲らず、毎月発行を続けた。

斎藤の島小学校長時代、島村綜合教育計画にボランティアとして参加した当時大学4年生だった神山順一は、後に講演で、斎藤は校長として教育界の形式主義や官僚主義と闘って孤独だったが、県教組文化部長時代も「彼は日教組の中でも孤立していたと思います。日教組の中にも形式主義や官僚主義や権威主義があって、あの人の目は、どうしてもそれを見てしまうからです」と語っている（「斎藤喜博における人間と教育」『駒沢大学教育学研究論集』第2号、78年）。

3　組合闘争への参加

（1）免許法闘争

斎藤の文化部長在任中、大きな闘争が2つあった。その1つは「免許法闘争」であった。敗戦後の学制改革で学校制度が大きく変わり、教員養成制度も変わったので、文部省は1949年にそれに即応するための教育職員免許法を公布した。そして、旧制度の免許状は新制度の免許状に切り替えることにして、そのために不足する単位を取得させる認定講習を開くことにした。そこで群馬県でも認定講習の開設委員会が作られ、斎藤は組合側の代表として委員になった。

しかし日教組は、この免許法は国家による教員養成の強化を目指すものであるとして反対し、「免許法闘争」を展開した。これは群馬県教組では文化部の担当だったので、斎藤は講習を行う群馬大学へ出かけたり、県教委と交渉したり、東京で開かれた日教組の戦術会議に出席したり各支部へ出向いたりで、特に闘争の山場であった7月は連日のように各地へ出張し、夜は常任会議で多忙を極めたという（『可能性に生きる』195頁）。

ただ、認定講習開設委員の立場と日教組役員の立場とは矛盾することもあったのではないかと思われるが、斎藤の自伝的著作『可能性に生きる』では多忙を極めたとしか書いてないので、斎藤がどんな行動をとったかは明らかでない。

(2) 座り込み

もう1つの大きな闘争は、51年末に県教組内の高校教組が人事院勧告の給与改訂と年末手当の問題で、財政難から勧告通りの実施を拒む知事を相手に行った激しい闘争の支援であった。県教組と高教組の双方から3人ずつ闘争委員を出していて、斎藤は県教組側の委員だった。

しかし対知事交渉はまとまらず、闘争委員は斎藤の主導で知事室前の廊下に2度にわたって夕方から翌朝まで座り込みをした。この闘争のあいだ半月間、斎藤は家に帰らなかったという（右掲書248頁）。彼は、「わがいのち短くなるも悔なしとコンクリートの廊下に一夜坐りぬ」と詠んだ。ここに見るのは、激しい組合闘士の姿である。

4 日教組大会、教研大会への参加

日教組の全国的な大会や会議に出席することも県教組役員の任務で、斎藤は定期大会の他、中央委員会、関東ブロック文化部長会議等々に出席した。就任当時はまだ教育研究集会は存在しなかったが、1951年11月に、「自主的な教育実践の必要を痛感し」（『日教組60年』07年、15頁）、第1回の全国教育研究大会が日光で開かれた。3千人の組合員が参加し、斎藤も出席した。

（この教研大会は、第４次から研究集会と名称が変更された。）

この日教組大会や教研集会のことは、斎藤はどこにも書いていないが、これらの大会、特に教研集会で出会った何人もの学者・文化人は、後の斎藤の「島小教育」を支える存在になったと思われる。これは、教研集会の「日教組講師団」の中で、「３Ｍ」と称された東大教育学部の３教授のうち、宗像は先述のとおり『文化労働』に執筆し、宮原誠一は後に斎藤と協力して島村綜合教育計画に参画し、また勝田守一は教科研委員長として斎藤と密接な関係を保ったことから推測されることとである。講師団の中の国語の奥田靖雄、音楽の園部三郎なども、後の斎藤校長の島小で助言者になっている。国分一太郎との出会いも、日教組教研集会においてであったと思われる。

5　草木社を設立しての出版活動

1951年、斎藤が40歳の時、彼の第1歌集『羊歯』が出版された。「羊歯の葉は谷をうづめて茂り合ひあはれ去年の日もかくて嘆きし」など、20代の病に苦しんだ時代の抒情性豊かな歌群である。出版社は草木《くさき》社であるが、これは斎藤が作った出版社で、ただ上野省策夫人が発行人になっている。

この出版社は、斎藤の歌集の他、近藤芳美や中島栄一などアララギの歌人や杉浦明平の評論集などを出版して数年で閉じている。草木社のことは「2章　教育（2）」の1でまた触れる。

3　島小教育の時代

1　島小学校長に就任

斎藤は文化部長の任期を終え、1952（昭和27）年に群馬県南端にある佐波郡島村の島小学校長になった。41歳で、群馬県では異例の若さだったという。平和条約が発効し、わが国が独立した年であった。

島小は、利根川を挟んで南岸に本校、北岸に分校があって渡し舟で連絡し、どちらも各学年1学級、全児童数360名、教員数15名の郡下で最も小さな学校であった。交通不便で僻地校に準じる扱いであり、歴代の校長はみな新任で、ほとんどが1年で変わっていた。教員はほとんどがこの村の「下層階級」の出身者で、村長や村の富裕層から軽視され、子どもたちも活気に乏しかった。

斎藤の自宅からは、この学校に通うのに自転車で往復3時間を要したから、彼も初めは「1年」のつもりで赴任したというが、しかし結果的に彼はこの学校に11年間勤め、彼独自の学校づくり・授業づくりを進め、「島小教育」の名で教育史に残る実践を積み上げたのであった。その実践の様子は、彼自身が『学校づくりの記』『島小物語』『可能性に生きる』でくわしく書いている。

2　授業改革

(1)「学習法」に立脚する授業重視の教育

斎藤の教育は、授業重視の教育であった。当たり前のことであるようにも思えるが、斎藤が着任する前年には無着成恭の『山びこ学校』が大ヒットし、綴り方教育が全国的にブームになっていた。しかし続々と発表される綴り方教育の成果は、作品だけが発表されて、それがどんな授業から生まれたものであるかということは明らかでないものがほとんどであった。

それに対して斎藤は、綴り方も大事だが、その前に何よりも授業を大事にし、授業の記録をとることが大事だということを主張したのであった。斎藤の青年教師時代からの首尾一貫した主張であった。

斎藤は、古くさい一斉指導ではなく、「学習法」に立脚した授業を教師たちに指導した。また学習法の授業では教壇は要らないので、斎藤は教壇に脚を付け、これを子どもたちの独自学習の作業台にしてしまった。特に年配の教師などは、自分の居場所がなくなったような気がして淋しがる人もいたが、斎藤は頓着しなかった。

（2）介入授業

斎藤は授業中の校内を巡視して教室に入り込み、授業が停滞している時などは教師の教材解釈に疑問を差し挟んだり助言を与えたりするなど、しばしば口出しをした。このような行為は、後に「介入授業」と名付けられた。

最初は、斎藤校長が教室に入って来るだけで教師は驚いて授業を止めてしまったり、子どもたちもまたザワザワしたりしたが、やがて慣れて、むしろ斎藤の介入を歓迎するようになった。これは、授業者である教師と校長が一緒になって教材解釈を深め、授業の展開を図っていく行為であった。また斎藤は、授業を巡視した感想を職員室で教師たちに語った。斎藤校長は、島小の教師集団という「学級」のいわば学級担任であった。

（3）厳しい研究授業

島小では研究授業が頻繁に開かれた。島小教育10年目の1961年5月から3ヵ月間、産休補助教員として島小に勤務した東大大学院生の影山昇も社会科の研究授業を行ったが、授業後の研究会では「古い形式的な授業。子どもがもっと前面に出た授業とするためのさらなる努力が必要である」（船戸、井上さん）、「教材の解釈がとても弱い」（斎藤、金井、岡芹さん）など手厳しい批判の集中攻撃を受けて、影山はすっかり授業ノイローゼになってしまった。そんな影山を、「武田さんと船戸さんが「影山さんも島小病にかかったようだね。ここに赴任してきた者は誰でもかかるんだよ」と慰めてくれたという（影山「授業重視の教育実践の本来的なあり方の探求——

群馬県・島小学校での教育実践を手懸りとして」『愛媛大学教育学部教育学研究室年報』第3巻、73年）。

島小の教師たちは、みな、このような島小病を克服して教師としての力を高めたのであった。

（4）呼びかけ形式の卒業式

「行事も授業だ」というのが斎藤の考えであったが、卒業式は全員が壇上を向き、校長式辞、卒業証書授与という古い形式が、就任2年目から卒業生と在校生が向き合って呼びかけ合い、その中に合唱がふんだんに盛り込まれる形式に改められた。この「呼びかけ形式」は、その後全国の学校に広まった。

3　表現力重視の教育

（1）体育と合唱の重視

国語の教材解釈を中心に教師の授業力を高める努力と共に、「島小学校では体育と音楽を重視した。……それは、体育とか音楽とか舞踊や行進などは……身体全体で自分の内部にあるものを表現したり、逆に表現することによって自分の内部にも新しいものをつくり出したりすることができるから、子どもたちは、自分の持っていた可能性への自信と喜びを持つことができる」からであった（『斎藤喜博の仕事』76年、国土社、22頁）。

ここで斎藤が音楽と言っているのは身体全体を使って歌う合唱であり、体育と言っているのは主として跳び箱やマット運動で、これに舞踊や行進が加わる。これらは、教師が適切な指導をすれば短時間で子どもを上達させ、自信と喜びを持たせることができる教材であり、島小の子どもたちにまず必要なのは、こういう表現の教育だと斎藤は考えたのである。後に彼は、この表現の教育の中に国語（特に詩の朗読）を加えた（『わたしの授業』第1集まえがき）。

(2) まず教師の表現力の訓練

定年退職後、斎藤は全国各地の学校に指導に赴き、またいくつもの大学で集中講義を行ったが、その様子を記録した「教える――斎藤喜博の教育行脚」という番組が1978年3月にNHKテレビから放映された。その冒頭、彼は「表現力」と板書して、学生に「教師は表現力がないと、どうにもならないんです。話での表現力、身体での表現、朗読の問題にしても、教師っていう商売は表現によって相手に働きかけていくということがあるわけですからね。日本人全体に表現力がないんです。特に身体での表現力」と語っている。

子どもたちに表現力の指導をするには、まず教師自身が表現力を身に付けなければならない。そこで、斎藤が島小でまず行ったのは教師に対する表現力の訓練であった。今まで呑気に過ごしてきた教師たちを変革しようとするのであるから、抵抗があり紆余曲折があったが、斎藤が赴任して2年目から職員合唱が始まった。また4年目の夏休みからは宿泊研究会が持たれるようになり、授業研究、教材研究の他に合唱、舞踊、演劇などの基礎訓練が斎藤の指導で行われた。

以来、島小の教師は「個人や共同で教材研究をしたり授業研究をしたりするほか、絶えず表現活動の修練を積んでいた」（右掲書、16頁）。その内容は右記の他、歩く練習、朗読、話し方、絵や文章を書いて合評会など多岐にわたった。

（3）表現力の教育の成果

教師のこういう努力が子どもたちの教育に生かされた。合唱については3章で詳しく触れる。彼はオペレッタ（野外劇）を愛し、自ら「利根川」を初めとしていくつかの脚本を書いたが、これは詩の朗読、合唱、舞踊が総合された表現活動であった。入学式、卒業式などの行事も合唱で満たされ、また子どもたちの入退場は、一団となった行進ではなく、子どもたち一人ひとりが間隔をとり、胸を張り腰を伸ばした歩みでの「表現」であった。

こういう表現力の教育の成果を発表する公開研究会が、島小教育4年目から始まった。ここでは、運動場で行進、跳び箱、マット運動などの体育、舞踊、野外劇などの表現と合唱の発表が行われ、また教室での授業も公開され、加えて職員合唱や参観者も含めた全員でのフォークダンスも行われた。

公開研究会は、斎藤が島小を去るまで毎年、計8回開かれ、1万人近い人々が日本全国から参観に訪れた。

4　学力テスト

「島小教育」に対しては、賞賛の声と共に、「合唱と体育ばかりやっていて学力が低い」という批判もあった。そういう批判は保護者に動揺を与えるので、斎藤は就任6年目の1957年に県立教育研究所に依頼して算数と国語の標準学力テスト（田研式）を実施してもらった。その結果は、算数は6大都市の成績をはるかに上回り、国語もまた中都市平均並みという好成績であった。しかも各学級の得点分布を見ると、出来る子どもだけでなく出来ない子どももみな伸びて、学級全体が向上していて、島小の教育がどの子をも救い上げ、伸ばしていることがわかった。

このテスト結果は、この年の第3回公開研究会で報告され、これによって父母たちも部外者も驚き、そして安心したのであった（『授業入門』60年、国土社、26頁）。しかし、「県の研究所という権威の肩書きの報告を聞いて初めて納得するということは、さびしいことであった」と斎藤は書いている。

5　出版活動

(1) 島小職員の実践記録集

斎藤は職員に、授業実践の記録を書くことを奨励した。その結果、赴任した年度の2月には、早くも職員の実践記録集『島小研究報告』第1集がガリ版刷りで発行された。この報告集は、以後毎年出された。また島小7年目の1958年には、職員の実践記録『未来につながる学力』が出版された。これは麦書房の編集者・篠崎五六の勧めによったもので、その経緯は「2章　教育(2)」の3で触れる。その後62年には、やはり授業記録集『島小の授業』が出た。

(2)『学校づくりの記』『授業入門』の出版

斎藤は、赴任した年度の『教育』53年2月号(国土社)に、「心の窓を開いて」と題して島小と島村の印象記を書いたが、これを読んだ国土社社長らから単行本の執筆を勧められ、『学校づくりの記』を書き上げた。

校長は行政の末端として職員を管理し、教育委員会から下りてくる指示を職員に伝達する存在だというのが一般的な認識だったが、『学校づくりの記』はそういう常識を根底からくつがえし、校長が職員を指導し、先頭に立って創造的な教育を行う学校をつくっていった記録で、読者に新鮮な驚きと感動をもたらした。後に『現代教育科学』は、「戦後の「実践記録」を読み直す」(82年11月号)や「「戦後の名著」を青年教師が読む」(87年3月号)などの特集では必ず『学校づくりの記』を取り上げ、また向山洋一は「私は、喜博の仕事を高く評価している。その中で最高のものといえば『学校づくりの記』であろう。ピカ一であると思う。今もなお、汲めどもつきぬ良質な情報に満ちている」と激賞した(「斎藤喜博の授業をTOSS技量検定にかける」『現代教育科学』05年7月号)。

このように、この本は大きな反響を呼んでよく売れたので、続けて『授業入門』(60年)が執筆・発行された。「あとがき」で斎藤は、「島小での8年間の仕事や、その仕事のなかから出た考え方とか方向とかは、『学校づくりの記』とこの本とで、ほとんど全部かきつくしたように思います」と書いている。

本書の「まえがき」に書いたとおり、私は『授業入門』によって今まで見聞したことのないすばらしい授業実践の事実を知り、「目からウロコ」の思いを味わったのであった。当時、私と同じ思いを味わった青年教師は多かったのであろう、いま私の手元にある『授業入門』は66年発行で17版とある。初版発行から6年後であるから、1年間に約3回も版を重ねてきたわけで、よく売れたことがわかる。青年教師だった時代の陰山英男も向山洋一も、斎藤の著書を熱心に読んだと書いている（陰山『本当の学力をつける本』文藝春秋、向山『教師修業10年』明治図書）。

（3）『未来誕生』の刊行とその余波

60年3月には川島浩が撮った島小写真集『未来誕生』が斎藤の解説を添えて出版された。川島が島小で写真を撮るようになった経緯は、2章の3で触れる。またこの直後の『世界』60年4月号は、巻頭グラビアで「村の学校——島小学校の記録」と題し10ページにわたって川島撮影の写真を数十枚載せて島小を紹介した。当時論壇をリードしていた『世界』のこの記事によって、島小学校の存在は一気に知識人の間で知られるようになった。

当時『文藝春秋』は、著名人が各界の第一線を訪問してルポするという連載を企画し、教育については大達文相が島小を訪ねるという企画を立てたが、斎藤は文相の訪問には消極的で、それよりも開高健とか大江健三郎のような若い文学者に島小を見てもらいたいと要望した。その結果、芥川賞を受賞したばかりの大江（当時26歳）が2日間にわたって島小の授業を参観し、同誌7月号に「未来につながる教室——群馬県島小学校」というルポルタージュ作品を掲載した。

彼は、「日本じゅうの数しれない小学校の、どの校長先生が、文部大臣の参観申しこみを、にべもなくことわる勇気をもっているだろうか、そして現職の堂々たるコワモテ文部大臣のかわりに、ひとりの若い作家を歓迎するだろうか？」という書き出しで、国語の授業で教材解釈をめぐる子どもたちの厳しいやりとりと、その学習の渦に巻き込まれて頭を抱える女教師の姿をビビッドに描き、「ぼくはこの奇蹟にみちた教室に2日間しかかよわなかったけれども、そこにいる小学生たちの本当の新しさには、ほとんど圧倒される思いだった」と書いた。このルポについて、斎藤は「私はその文章を読んで感動した。短い時間にみごとに鋭くみるものだなあと思った。同時に、こういう若いすぐれた作家に、島小のあるうちに、一度でもみておいてもらえたということを、しあわせに思った」と感想を綴っている（『島小物語』２０７頁）。

大江のこの島小参観記は、氏の『厳粛な綱渡り』他の作品集に収められ、島小教育を伝える第一級の資料として今日でも高く評価されている。ただ、評論家の臼井吉見はこのルポを「大江君の感激は、今の小学校の教室について、ほとんど何も知らないらしい」と批判し、「（斎藤校長は）なぜ大臣の参観をはねつけたのだろうか。どうもわからない」と疑問を呈している（臼井「文相の参観をことわった小学校長」『戦後』第5巻、66年、筑摩書房、１３２―１３４頁）。しかし文学者でもある斎藤は、「はねつけたのではなく、文部大臣よりも若い作家に島小を見てほしかっただけだ」と書いている。

(4) これ以外の数々の著書

これ以外にも、斎藤が『ケノクニ』に毎号書いた「編集所便」や「屋根裏独語」をまとめた『表現と人生』、『文化労働』に掲載の論説をまとめた『授業以前』、雑誌論文の集成『私の教師論』、そして『斎藤喜博著作集』全8巻(麦書房)など斎藤の著書が60年から64年にかけて次々に刊行された。

(5) 島小教育の映画化

島小の教育は次のとおり、3度も映画化された。

①「たのしい学校劇」56年、第一映画社

②「未来につながる子ら」61年、共同映画社、木村荘十二監督

③「芽をふく子ども」62年、近代映画協会、原功監督、新藤兼人監修

このうち、①②は島小の姿を断片的にしか伝えていなくて、全く意に添わない映画だったと斎藤は書いている(『可能性に生きる』317頁)。

③は、斎藤の島小11年目に1年間島小に入り込んで撮られた記録映画で、斎藤は島小10年で剛志小学校長に異動が内定していたが、この映画の撮影に期待して転出を1年延ばしてもらったのだという。これは授業や卒業式など感動的な場面が多いが、自然の風景や七夕祭りなどが入って折角の感動が中断されてしまったと斎藤は不満を感じ、このような場面はカットして、もっと授業の場面を多く入れるように求めた。しかし経営に苦しい独立プロの近代映画協会は、営業上の

理由から斎藤の要求は受け入れることができず、結局話し合いがつかないままにこの映画は一般の映画館での上映は見送られ、限定された範囲での公開に止められることになってしまった。

この映画は第3回モスクワ国際映画祭に出品され、審査員特別賞を受賞した。

斎藤は、自身の要求を受け入れていればグランプリを獲得したのではないかと書いているが（『教育現場ノート』）、そうなれば却って専門的に過ぎて受賞から遠ざかったのではないかと私には思われる。

6　組合活動

(1) 組合活動の継続

斎藤は、校長になってからも組合に留まって活動を続けた。校長就任の翌1953年から5年連続で日教組教研集会に参加し、また教研群馬県講師として県内各地の教組支部で講演を行い、多忙であった。

(2) 教育二法案公聴会

54年に入ると、山口や京都での「偏向」した平和教育が問題になり、これを契機に文部省は教育の政治的中立を確保する法案とこれに連動する教育公務員特例法を改正する法案――いわゆる「教育二法案」を国会に提出した。日教組はこれに対して闘争宣言を出し、文部省内に2日間座り込むなどして反対運動を展開したが、この法案の公聴会が3月13日に衆議院文部委員会で開かれ、斎藤を含む9人の公述人が意見を述べた。

公述人は、大学学長、東京都ＰＴＡ会長、元文部次官、日教組委員長などそうそうたる顔ぶれで、現場教師は斎藤だけであった。斎藤が公述人として選ばれた経緯については斎藤は何も書いていないが、この公聴会を中心に斎藤の組合活動を研究した油井原均は、公聴会終了後に左派社会党（当時）の高田なほ子参議院議員から斎藤に感謝の手紙が届いたと『島小物語』に書いてあることから、左派社会党に依頼されたのではないかと推測している（「斎藤喜博の教職員組合観とその背景」『立教大学教育学科研究年報』49、05年）。この推測が当たっていると思われるが、ただでさえ「斎藤はアカだ」という噂が島村内に流布されているのに、わざわざ自分から「左派社会党の推薦で教育二法反対の公聴会に出る」などと公言する必要はなかったということであろう。

斎藤には「60万教員の代表として頑張れ」という激励や期待の声が数多く寄せられたという。これは斎藤にとって相当な重圧だったようであるが、彼の口述内容を2月4日付の上毛新聞は、「ダメな先生のための法案」という見出しで、「法案に反対。教員の組合運動は一部に行過ぎがあったことは認めるが全般的に組合運動をやる先生は教育にも熱心な先生だ。もしこの法案が通ったらいまでさえ無気力な先生が一部にあるのに「一所けんめいやったらあぶない！」という空気が全体をおおうことになると思う。この法案はいずれにしてもダメな先生が喜ぶ法案だ」と伝えている。

公聴会で斎藤は疲れ果て、以前からの激務も重なって盲腸炎をこじらせ、2カ月間入院する羽目になった（『島小物語』79頁）。

（3）勤評闘争

58年には勤評闘争があった。文部省からの通知を受けて群馬県教育委員会は、校長に教職員の勤務評定を実施するようにという業務命令を出した。当時は勤務評定に強い拒否反応があった時代で、県教組は2度にわたって勤評反対の一斉休暇闘争を行い、島小でも全職員が参加した。島小分会長は斎藤校長だったが、斎藤は留守番をした。一斉休暇という「不当労働行為」で責任者が処分の対象になっても、分会長の斎藤は休暇闘争に参加していないから処分の仕様がないだろうという読みであった。

斎藤は連日警察に呼ばれて調書をとられ、校長が組合の分会長になっているのはおかしいと言われ、県教委からも、島小では何もトラブルが生まれないのは校長が分会長になっているからであり、そのため職員との団体交渉で苦労している他校の校長連が迷惑しているから組合を脱退するようにという勧告があったが、斎藤は肯じなかった。

結局ほとんどの校長が勤務評定書を提出し、提出を拒否して残ったのは、佐波郡の斎藤も含めた組合員校長である4名と他郡の2名だけであった。しかし結局抗し切れなくなった佐波郡の校長連の強い要請で、最後に斎藤も勤務評定書を出した。提出拒否を貫いて免職になってしまったのでは、元も子もないと考えたからであった。

他郡の2人の校長は、最後まで拒否して免職になった。斎藤はこの2人に深い敬意を払いながら、しかし耐えて残ってくれなかったのは残念なことであったと書いている（『島小物語』207頁）。勤評書を提出した佐波郡の3名の校長は、その後組合を脱退し、斎藤は「つひに一人の組合員校長とわれはなるじりじりとくる圧力のなか」という状況になった。

このように勤評を巡る大騒動の中でも、島小の教育は平静に行われ、2回の一斉休暇の合間には第4回公開研究会が何事もなかったかのように開かれた。そしてこの勤評闘争を境に、日教組の活動への斎藤の参加は終止符を打ち、教科研へと斎藤の活動は移ることになった。

7　教科研活動

(1)　教科研の再建活動への参加

戦前からの古い歴史を持つ教育研究団体である教育科学研究会（教科研）は、戦争中解散させられ、機関誌『教育』も廃刊になっていたが、1951年に復刊した。当時県教組文化部長だった斎藤は、この『教育』を毎月200冊取り寄せて売りさばいていたという（『可能性に生きる』223頁）。島小学校長になった翌53年からは編集委員になり、ほとんど毎月、編集会議で上京した。

また52年からは、東大の勝田守一の主導で教科研再建のための全国連絡協議会が何度も開かれ、58年の総会で毎年研究大会を開くことが決定されたが、委員に選ばれていた斎藤は、これらの会にすべて参加した。日教組教研集会は、日教組の方針を実現するための方策を研究討議する場であると言える。それに対して教科研は、そういう一定の方向性を持たない研究団体である。一党一派に偏しない教育研究を志す斎藤としては、こういう研究団体が存在しないうちは日教組教研に拠ったが、教科研の研究大会が誕生すると、こちらへ軸足を移すのは当然の成り行きだったと言えるであろう。

（2）第1回教科研全国大会

62年に第1回教科研全国大会が開かれた。しかしこの大会では、斎藤がひたすら追求してきた「授業」に関する分科会はなかった。大会を中心になって企画した教育学者らにとっては、授業は「誰もがやっている」ことで、ことさら研究の対象に据えることではなかったのであろう。

この年が、斎藤の島小教育最後の年であった。

8　短歌関係の活動

斎藤は、島小学校長になった1952年から、朝日新聞群馬版に新設された上毛歌壇の選者になり、以後『ケノクニ』の編集・発行の仕事と併行させて、亡くなるまでの約30年間選者を務めた。この上毛歌壇を巡る2つの話題を第5章「短歌」の【余滴5】と第6章「童話・詩」の1に載せた。

53年には第2歌集『證』が出版された。文化部長時代の作品集で、青年教師時代の抒情的な『羊歯』とは異なり、闘争的な歌が中心になっている。その後61年には、闘争的な歌と共に島小の職場を詠った第3歌集『職場』が出た。

9　島村綜合教育

昭和20年代後半は、中国・毛沢東の「下放運動＝都会の知識人や学生が農村に入って行う啓蒙活動」に倣った活動が盛んだった時で、斎藤は文化部長だった頃から構想を暖めていたのであろう、島小学校長に就任した翌1953年、島村と東大教育学部の社会教育研究室（宮原誠一教授）とが費用折半で提携した島村綜合教育（3年計画）を開始し、自ら事務局長に収まった。この綜合教育では、丸岡秀子が婦人学級の講師として来村した他、東大の学生たちも大勢ボランティアとして村に入り、村民や子どもたちと交流した。

4　境小学校長時代

1　境東小学校長に

島小教育に対しては賞賛の声ばかりではなく、これに批判的で斎藤追い出し運動も何度か図られたということが『可能性に生きる』に赤裸々に語られている。1963年、島小在任11年目を終えて、もう異動は避けられない状況になり、異動先を巡って悶着があったが、近隣の境東小学校長が急死したため、斎藤は急遽その後任として発令され転任した。しかし境東小学校長として勤めたのは1年だけで、翌64（昭和39）年、斎藤は境小学校の校長に転じた。

境東校勤務が1年限りだったのは、アンチ斎藤派が「1年だけ」という条件を付けていたらしいのが理由の1つではないかと右掲書では推測しているが、また、島小の教師が6人も、斎藤を慕って境東小へ転任希望を出していたのも1つの理由ではなかったかとしている。

2　境小学校長に

(1) 境小学校の実態

転じた境小学校は、島村が合併した境町（現伊勢崎市）の中心部にあり、普通学級23、特殊学級2、児童数950名、職員数30名の境町で最も大きな小学校だった。

しかし赴任して始業式に出てみると、子どもたちはわあわあ騒いでいてひどくうるさく、話などできる状態ではなかった。授業も平板で、プールはあるが子どもたちは水遊びをしているだけであり、跳び箱も「町の子どもは腕の力が弱いのでできない」と言ってやったことがなく、また数人の教師はしばしば宿直室でマージャンをしているらしく、朝になると酒びんや丼やタバコの空き箱などが乱雑に転がっていて、眠そうな顔をして教室に出ていく者や、中には授業が始まってもごろごろ寝ている者さえいたという。

（2）先頭に立っての学校改革・授業改革

斎藤は53歳になっていて、当時群馬県の教員の定年は58歳であったから、定年まで後5年である。島小では、合唱も体育も指導は担任教師に任せ、斎藤は「後方支援」をしていたが、境小の実態を見て斎藤は、定年までの限られた年数を見定め、この学校では自ら先頭に立って子どもたちを指導することに決めた。「島小教育は、島小のような小さな学校だからできたのだ。境小のような大きな学校では、そんなことはできないだろう」と冷ややかに見る職員もいたというが、そういう見方をくつがえしてやろうという自負心もあった。

彼は島小の時と同様、教室を巡回して授業に介入した。また、彼が自ら子どもたちの前に立って行う合唱の指導で子どもたちの歌声が見る見る変わっていくのは、教師たちにとっては「目からウロコ」であった。体育では、若い体育主任がほとんど跳ばせることができずにいた跳び箱の授業で、半分の子どもを引き受けて指導し、1時間のうちに全員を跳ばせてしまい、体育主任の教師を驚愕させたりした（高橋元彦「子どもを変えるという仕事」斎藤編『教師が教師となるとき』72年、国土社、58―61頁）。

夏のプール指導では、斎藤は炎天下、泳ぐ子どもたちにプールサイドを往復しながら「吸ってー、吐いてー」と声をかけ続け、ほとんど全員を泳げるようにしてしまった。また、石ころだらけの運動場をブルドーザーで掘り起こしてトラック7台分もの石を運び出し、さらに全校で石拾いをして、はだしで運動をしても足が痛くないきれいな運動場を作り上げ、そこで行進や舞踊を指導した（「はだしの体育」は「1章　教育（1）」の3参照）。

このような校長自らの指導によって教師たちの意識は変革され、マージャン教師などはいなくなり、教師としての力量を身に付けていった。子どもたちも変革され、全校集会でマイクを使わなくても教師の声が隅々まで通るようになった。

境小では、斎藤は公開研究会は開かず、写真家の川島浩にも教室での授業風景の写真を撮ることは認めず、体育祭や音楽会などの行事の際だけ撮影を認めた。これらの写真が、境小写真集『いのち、この美しきもの』（74年、筑摩書房）としてまとめられている。

3　出版活動

（1）授業論3部作

『授業入門』が非常によく売れたので、以後国土社から境東小学校長時代に『授業――子どもを変革するもの』、境小学校長になってから『授業の展開』が出た。これら「授業論3部作」は、授業の学問である教授学の構築を志した斎藤の歩みの第1歩を印するものであった。このことは「4章　教授学」で触れる。（この3冊は、今でも国土社から新装版が出ている。）

（2）『島小物語』『可能性に生きる』他

この他にも、境小学校長時代に書き下ろしで『島小物語』、「自叙伝的回想を」という文藝春秋の依頼に応じた670枚の力作『可能性に生きる』が出版され、さらに雑誌論文等をまとめた『私の教師論』をはじめとする6冊もの著書と対談集『教育と人間』などが出た。境東、境小時代を通じ、平均して毎年1冊のペースであった。加えて、境小の教師たちの自己変革の記録『教師が教師となるとき』も出た。

4 教科研活動

(1) 教授学特別分科会

第1回教科研大会では存在しなかった授業に関する分科会が、1963年の第2回大会では「教授学特別分科会」の名で設けられた。「特別」というのは、誰もが参加できるように各分科会が終った後、特別に時間をとって開く分科会という意味だったという。

この分科会の名称については、当然斎藤にも事前の打診があったと思われるが、斎藤は「私は『授業』という言葉が好きです」と書き（『授業入門』あとがき）、著書も「授業」というタイトルの付いたものが非常に多いのに、なぜ「授業分科会」という名称にならなかったのだろうかと思わせられる。しかし、当時は「授業の学問は教授学」という認識が一般的で、斎藤自身、後年NHKから放映された自らの授業実践のビデオに「教える」というタイトルを付けたくらいだから、「教える学問＝教授学」という言葉に違和感はなく、むしろ魅力を感じていたのかもしれない。この辺のことは、3章「教授学」で考察する。

（2）85枚の文書提案

この教授学特別分科会の提案者（世話人）には、斎藤と、東大大学院でソビエト教授学を専攻し教科研の事務局員を務めていた柴田義松が指名された。しかし斎藤は先約があって出席できないので、「授業展開の科学性と人間性」と題する85枚もの分量の文書提案をしたが、これは提案と言うよりは、子どもの可能性を引き出す授業の条件と方法を島小実践に基づいて論じた授業論であった。

しかし分科会では、この「提案」はほとんど討議に活用されることはなかったと柴田は書いている（「教授学の対象と方法について」『教育』63年11月増刊号）。提案者不在で85枚もの文書提案をされても、とても消化できなかったのであろう。

（3）3日間5時間の基調提案

この特別分科会は、群馬県の伊香保温泉で開かれた65年の第4回教科研大会から「教授学部会」という正式の分科会となった。境小学校長2年目の斎藤と共に境小の教師たちも参加した。部会は「旅館の大広間に200人がぎっしり詰まって身動きもままならなかったが、運営はスムーズだった。境小の教師たちのリードによる全員の合唱が大いにあずかって力があった。合唱は200人の心を一つに集中させる。部会は合唱ではじまり、合唱でおわった」（柴田「授業が成立するための基本的な条件」『教育』68年2月増刊号）。そして世話人の斎藤は、「授業が成立するための基本的な条件」と題する基調提案を3日間のべ5時間にわたって行った。これは実質的に「集中講義」である。

このように、初めと終わりに合唱、そして斎藤の講演というのが、これ以後の教科研教授学部会の定番スタイルとなった。「教授学部会は、斎藤さんに教えを受ける斎藤学校」（柴田、右掲論文）になったのである。

（4）第3日曜の会

教科研とは関係のない私的な研究会であるが、毎月第3日曜に有志の教師、研究者が群馬の斎藤宅に集まって実践を報告し、斎藤の批評・指導を受ける「第3日曜の会」が67年11月から始まった。これは斎藤の定年退職後も病状が悪化する80年まで続き、参加者は常時30〜40名と、部屋に身動きもできないほどであった。手弁当での参加であるが、この13年間、ほとんど欠席することなく遠く岩手や関西から通い続けた人も少なくなかった。

5 「名校長」

（1）朝日新聞コラム「今日の問題――名校長」

斎藤は1969（昭和44）年3月、境小学校長を定年退職したが、4月23日付朝日新聞夕刊の「今日の問題」というコラム欄に、「二人の名校長が退職した。群馬県境小学校の斎藤喜博さん（59）と、東京・世田谷の代沢小学校の金沢嘉市さん（60）だ」という書き出しで、「名校長」と題する次のような論評が載った。

「斎藤さんが11年の心血を注いだ、群馬県島小学校での実践は、「島小方式」として全国の注目を集めた。「教師は、教室では一国一城の主だ」とタンカを切って、役所やＰＴＡに挑戦し、授業を「創造」した。片田舎の小学校の学力水準は、六大都市を上回った。……「斎藤喜博全集十五巻」は、今秋完成する。小学校長の全集は、はじめてのことかもしれぬ。「教育の仕事は力弱く、はかないものだ」と、彼はよく書く。が、そこに力弱い調子は全くない。「はかなさ」というギリギリのところで開き直り、勝負し、創造に立向かう人の、すさまじいばかりの迫力が行間にある。

（続いて金沢校長を紹介して）２人に共通しているのは、子どもの持つ「無限の可能性」へのゆるがない信念だろう。斎藤さんの小学校では、泳げない子はほとんどいない。６年全員が50メートル競泳に参加し、グラウンドでは、４年以上の全員が50回の側転をやってのける。金沢さんの学校では、６年生97人のうち69人が千メートルを泳ぎぬく。２人とも、子どもの頭の中に手をつっこんで、いじくるような教育は拒否する。スポーツに力を入れるのは、斎藤さんによれば「感性的なものを通して、理性的なものを高める」ためであり、金沢さんによれば「子どもの持つエネルギーを評価して、自分に勝つ試練をあたえる」ためだ。２人の学校を見学すると緊張と活力が織りなす「学校のリズム」というべきものがある。すぐれた校長には、魂を扱う名人芸があると感じさせる。」

金沢は、戦争中に教え子に戦地へ行けと勧めて戦死させてしまった悔恨から、戦後は「アカ校長」と言われても新憲法と教育基本法のためには誰に一歩もゆずらなかったというエピソードを綴った『ある小学校長の回想』（67年、岩波新書）という自伝が読者の共感を呼んで有名になった教育者である。氏は専攻が社会科で、また教科研には関わっていなかったので斎藤との接触はなかった。

（2）「昭和の三大校長」「東の斎藤、西の東井」

余談になるが、当時「昭和の三大校長」という言葉が生まれた。斎藤、金沢ともう1人、東井義雄である。また、「東の斎藤、西の東井」とも言われた。

東井は斎藤より1年若く、姫路師範卒。故郷の兵庫県但馬地方で小学校教師になり、綴り方教育に力を入れたが、金沢同様戦争協力の教育を深く悔い、戦後は『村を育てる学力』（57年）の教育に力を尽くした。東井も金沢と同様教科研には関わらなかったので、斎藤との交流はなかった。

5　定年退職後

1　教育研究活動

(1) 教授学部会での活動の継続

定年退職後も、斎藤は教科研で活動を続けたが、大会での教授学部会は斎藤人気で参加者が他部会に比して突出して多く、1971年の第10回大会では367名、その翌年の第11回大会では400名にも達し、会場に入り切れないほどになった。そのため、他部会と掛け持ちをする人は参加を遠慮してほしいと司会者が宣言したが、それを知らずに他部会から流れて来た人が「参加を拒否された」と抗議してトラブルになり、常任委員会がこういう人たちに肩を持つような対応をしたため斎藤が怒り、というような事態が生まれたりした。

なお、71年に東北大学で開かれた第30回日本教育学会大会での「教育改革と子ども」というシンポジウムに、斎藤は平井信義や梅根悟らと共に招かれて参加したが、これも斎藤人気を反映して300人収容の大教室が超満員で、入り切れなかった人たちが別室でテレビ視聴をするという状況であった。

（2）教授学研究の会の結成

教授学部会は教科研傘下の組織なので、大会では右のような会場問題と限らず活動に制約があった。そのためであろう、斎藤は73（昭和48）年に教科研を退会し、世話人の柴田義松や稲垣忠彦らと諮らって「教授学研究の会」を結成した。この会は毎年春と冬に会員だけの合宿研究会を開き、また夏休みには公開研究大会を開いて毎回会場の定員一杯の７００人前後の教師・研究者が参加した。この会では、いつも斎藤が冒頭に講演を行った。

また教授学部会の時代の70年に創刊された研究紀要『教授学研究』が教授学研究の会にも引き継がれて80年の⑩まで続き、81年に第Ⅱ期①が出たところで斎藤が亡くなって終刊になった。

（3）研究者に対する実践の要請

教授学部会に続いて教授学研究の会にも教育学専攻の研究者が相当数参加し、その中には若い大学院生も少なからずいた。「4章　教授学」で触れるが、斎藤は島小・境小の実践を理論的に分析する仕事をこれらの研究者に期待していた。

ところが、いつまで待っても研究者らは斎藤の期待に応えない。実際問題として、斎藤の圧倒的な実践の事実と、それに基づいて彼自身が展開する授業論の前では、参加者はみな「斎藤学校」の生徒にならざるをえないのであるが、彼はこういう状態にしびれを切らしたのであろう、教授学研究の会が結成された翌年冬の研究者だけの合宿研究会で、「研究者に要請される問題」として研究者にも教育実践の経験を積むことを求めた。実践体験がないので実践の分析ができないのだと考えたのであろう。

これは研究者にとって衝撃的な要請で、ここから研究者は、自ら授業の場に立って子どもたちを指導する人と、この要請に反発したり戸惑ったりして会を離れていく人に分かれていった。私自身は「体育の研究者」として斎藤の体育指導を不十分ではあるが分析してきたという自負心はあったが、どちらかといえば後者で、以来私は教授学研究の会の辺縁に退いた。

2　教育行脚・集中講義・講演活動

(1)　御影小学校での指導

斎藤は境小学校長時代の1967年から、神戸市立御影小学校長・氷上正の懇請を受け入れて同校へ指導に赴いていたが、これが定年後も継続された。年に3回ほど訪れ、各3日間の日程で、教室で国語の授業を見たり、講堂（体育館）で全学級の児童に合唱や跳び箱・マット運動、行進などの体育、そして表現の指導が行われた。御影小学校へは、斎藤は7年間のべ56日間指導に入り、毎年公開研究会が開かれた。

(2)　大田小学校と啓明高校

定年後は、斎藤は71年から広島県世羅郡の大田小学校（山口博人校長）へ6年間、72年からは室蘭啓明高校（定時制）へも5年間指導に赴き、やはり毎年公開研究会を開いた。啓明高で職員集団の中心になったのは国語科の小笠原洽嘉（筆名・笠原肇）で、彼は後に『評伝・斎藤喜博』

『斎藤喜博物語――明日のぼる山もみさだめ』（一莖書房）ほか何冊もの斎藤の業績を伝える著作を出版した。

（3）教育行脚の拡大

斎藤はその後、73年から78年にかけて十和田市三本木、青森県七百の各中学校、小松市東陵、姫路市四郷、呉市鍋、宝塚市逆瀬台、長崎県森山の各小学校など数多くの学校へ指導に入り、それぞれの学校で公開研究会を開いた。

ＮＨＫは、このうち東陵小学校での指導を中心に取材して、78年3月に総合テレビで「教える――斎藤喜博の教育行脚」と題する45分番組を放映した。この番組は大きな反響を呼び、また波紋も生んだが、このことは「1章　教育（1）」の4で触れる。

（4）大学での集中講義

斎藤はいくつもの大学からも要請を受け、非常勤講師として集中講義に出向した。「教授学演習」というような講義題目が多かった。最初の出講先は定年退職した69年の佐賀大学で、依頼主の副島羊吉郎教授が定年退職するまで3年間続いた。続いて71年に宮城教育大学と岡山大学、73年和歌山大学、75年都留文科大学、76年大分大学と続いた。今でこそ教職大学院大学などでは教員資格として現場経験を持つことが重視され、研究実績のある小学校教師が任用されることが珍しくないが、当時師範学校出身の小学校の教師が大学で講義をするなどというのは前例のないことであった。

集中講義は3日半、30時間の授業で2単位を認定するのが普通で、4単位の場合は同じ日程の授業を前期と後期の2回行うことになる。佐賀大の場合は4単位だったから、斎藤は年に2回出講した。内容は、島小や境小で行われた表現力を身に付ける学習を学生に体験させ、授業の原理・原則を講義するもので、附属小学校で斎藤が詩の授業を行ってみせたりもした。

(5) 宮城教育大学教授に就任

宮城教育大学では、74年に林竹二学長が、新設される授業分析センターの専任教授として斎藤を任用することを教授会に提案した。教育哲学者の林は、病気で入院中に『斎藤喜博全集』を読んで感銘を受け、自らも志して「人間について」というテーマで小学校で授業を重ねていた。当時文部省は各大学に視聴覚教育のための教育工学センターを設置していたが、林は「授業分析センター」という名称で予算をとり、その担当者として斎藤を想定していたのである。

ところが教授会は、斎藤の多数の著書を研究業績として評価せず、この人事を否決した。しかし林はあきらめ切れず異例の再提案をし、教授会も、斎藤は宮教大の定年まで後わずかだということと学部ではなくセンターの人事だということも考慮したのであろう、学長提案を承認して同年8月に斎藤は教授として発令された。このようにして斎藤は、僅か8ヵ月間であったが宮城教育大学教授として勤務した。この辺のことは、4章「教授学」の【余滴4】で触れる。

小学校の教師が大学に出講することさえ稀有のことであるのに、難航はしたが専任教授に就任するなどというのは前代未聞のことであった。斎藤は、「六十三歳のわがあらためて国家公務員となる滑稽とも仕方ないこととも思ふ」「援軍にわれはすぎぬに本隊がぼやぼやとしてゐると思ふときもある」と詠った（『草と木と人間と』）。

また自身の退職と重なった翌年3月の卒業生歓送会では、「傷つくことのみ多き職と思ひゆきてつつましく仕事し給え」というはなむけの歌を贈った（右掲歌集）。退職後も斎藤は、要請に応えて「第4土曜の会」を設け、無給で仙台まで出向いて学生や現職教員を指導した。この会は、斎藤の体調が悪化するまで3年間続けられた。

（6）講演活動

境小を定年退職後、斎藤には講演依頼が殺到した。教育委員会主催の教員研修会での講演の依頼が多かったが、PTAや教組主催の講演会も多く、他にも保育園、研究発表会の開催校、市民大学、大学学園祭等々多彩であった。聴衆の数は2千人、千五百人などという大規模なものもあった。

講演回数は、定年退職した69年が19回、70年には28回にも達した。余りにも多く、その後はセーブしたのであろう、71年は15回、72年は11回と減り、73～76年は4年間で19回、77年以後は年譜には講演会に出かけた記録はないから、体調悪化もあり、すべて断わったのであろう。

（7）ラジオ、テレビ

ＮＨＫラジオからは、69年「人生相談」、71年「私の人生」、79年「人生読本・子どもをのばす」など何度も放送し、またテレビでも78年「教える――斎藤喜博の教育行脚」、79年教育テレビ「わたしの授業」が放映された。

3　出版活動

(1)『教育学のすすめ』他の授業論書

斎藤が定年退職した1969年に『教育学のすすめ』(筑摩書房)が出た。これは「学問のすすめ」シリーズ全24巻の中の1冊で、このシリーズの執筆者はみな各学問分野の著名な学者である。だから、この『教育学のすすめ』も教育学者が執筆するのが常道なのに、この本だけは斎藤喜博という小学校の校長が執筆者で、全く異例である。この事情については「2章　教育(2)」の3で触れる。

この本は、65年の教科研大会教授学部会での3日間のべ5時間の基調提案(講演)が内容の大部分を占めている。『授業入門』や『授業』などは書き下ろしだったが、その後教科研教授学部会が発足し、この部会で基調提案や講演をするようになってからは、それが著書の原稿になった。教授学部会に続く教授学研究の会でも同様である。『授業の可能性』(76年、一莖書房)、『教師の仕事と技術』(79年、国土社)などは、このようにして出来上がった本である。

(2)『斎藤喜博全集』が毎日出版文化賞受賞

69年からは『斎藤喜博全集』全18巻(うち3巻は別巻)の配本が始まり、71年に完結した。これは、71年の第25回毎日出版文化賞を受賞した。

この賞は日本の文化向上に貢献した出版物を顕彰するもので、文学・芸術、人文・社会、自然科学、企画という4つの部門から成るが、『斎藤喜博全集』は全集・辞典・事典を対象とする企画部門での受賞であった。この賞では、版元の国土社にも賞状と賞牌が贈られた。教育実践家、しかも小学校教師の全集など前代未聞のことであったから、これはまさに企画賞の名に価するもので、これによって「斎藤喜博なら国土社」という定評が生まれた。

授賞理由は、受賞作が発表された71年10月28日付の毎日新聞に掲載されたが、斎藤の全集については「鮮明な教育の論理――精根傾けた実践が裏づけ」という見出しで次のように評されていた。

「島小教育の実践によって全教育界の注目を集めてきた著者は、鋭く説得力をもつ教育の主張を、なにものにも妥協することなく書き続けてきた。著者の真実を見ぬく目はアララギの歌人として鍛えられたものであるし、その教育論は精根を傾けてきた教育の実践に裏づけられている。扱われている問題は常に具体的であって、そこにかえって教育の論理が鮮かに浮かび上がっている。実践から手をぬいた教師や教育学者に対する批判は手きびしいが、その中に著者の誠実な執念が読みとられる。すべての教師が自分自身の教育観をもつことが求められている今日、個性ある教師として生き抜いてきた著者の態度から学ぶことの意味は大きい。著者の主張はこれまでも単行本や、限定版の「著作集」によっても知られていたが、著者の全容を伝えるこの全集によっていっそうその気魄に圧倒される思いがある。教育に関心をもつものが、改めて教育を考えるための必読の書といえよう。（吉田昇）」

名文である。評者の吉田昇（１９１６〜79）は選考委員で、当時お茶の水女子大学教授（教育方法学）であった。後日談になるが、吉田は斎藤より2年前に急逝したが、病床にあった斎藤は、口述で「ほんとに七十歳八十歳と長く生きつづけ、この国の教育界を見守っていただきたい方であった」と追悼記を追悼文集に寄せた（第2期全集11巻）。

（3）筑摩書房からも4冊

定年退職後、筑摩書房からは『教育学のすすめ』の他に、筑摩ならではとも言える斎藤関係の本が4冊、相次いで刊行された。1冊目は「ちくま少年図書館」の1冊として出た『君の可能性』（70年）。この本にまつわる話題を「6章　童話・詩」の1に書いた。

2冊目は『風と川と子どもの歌』（70年）。これはLPレコード4枚から成る境小・島小の子どもたちの合唱集である。これに対しては中田喜直が「雑唱だ」と酷評したが、この問題を「3章合唱」で触れる。3冊目は写真川島浩、解説斎藤喜博の境小写真集『いのち、この美しきもの』（74年）。体育祭や音楽会の時の子どもたちの伸びやかな姿態の写真集である。4冊目は林竹二との対談集『子どもの事実』（78年）。

（4）斎藤喜博の個人雑誌『開く』

明治図書の編集者・江部満と樋口雅子の発案で、斎藤の個人雑誌『開く』（季刊）が72年から発行された。斎藤の編集で、口絵に上野省策が古今のすぐれた芸術作品とその解説を連載し、自身「宿場裏から」という長文の巻頭随筆を書き、授業論、授業分析、評論、エッセイ、対談、詩、小説等々が満載で、格調高い教育総合雑誌であった。このような「個人雑誌」が商業的にペイするということから、当時いかに斎藤の著書の読者が多かったかということがわかる。

（5）『わたしの授業』

定年退職後の教育行脚では、斎藤は自身で合唱、体育、国語などの授業を行った。研究のため、これらの授業の記録がほしいという声は多かったが、斎藤はそれによって授業がむしろ誤解されることが多いのではないかと授業記録の作成には消極的だった。しかし、「たとえ誤解されることがあっても、授業記録を残すのは必要なことではないか」という高橋金三郎の説得（『わたしの授業』第1集まえがき）を受け入れ、教育行脚での授業の記録をとることになった。

そこで体育については私が記録をとることを依頼され、私は斎藤に同行していくつもの学校に出向き、斎藤の体育指導の記録をとった。当時ビデオは開発されたばかりで大変高価で、私の乏しい研究費では買えず、また斎藤も、ビデオなるものの「正体」がよくわからず警戒感を抱いていて、「テープレコーダーだけで」という注文を出されたので、音声の録音と観察メモだけでの記録であった。

この授業記録は、『わたしの授業』（一莖書房）というタイトルで全6集が77～82年の間に発行され、私が作った体育の授業記録は第2集全巻と第3集の一部に収録されている。斎藤の体育は、緊張して歯を食いしばってがんばる伝統的な体育とは全く異質で、力まず、身体を合理的に使って柔らかで美しい動きを生み出す体育であり、私には全く「目からウロコ」であった。斎藤のそういう体育指導の一端を本書の第1章に紹介した。

なお、後に斎藤は大学での集中講義で学生に体育について講じる時や、教授学研究の会で参加者の体育指導の実践報告を検討する際、子どもたちの演技のビデオが不可欠であることを認識し、積極的にビデオを活用するようになった。結果論になるが、私が作った斎藤の体育指導の記録にビデオが付いていないのは、返す返すも残念なことである。

また、斎藤は教育行脚で参観した授業への介入も数多く行ったが、これらの記録は『介入授業の記録』全5巻（77年、一莖書房）にまとめられている。また『授業と教材解釈』（75年、一莖書房）や『授業の解釈と批評』（80年、国土社）は、教育行脚で見た授業の批評や分析である。

（6）その他

他にも、『写真集　斎藤喜博の仕事』（76年、国土社）、合唱曲集『子どもの四季』『一つのこと』（79、80年、一莖書房）、『開く』への連載をまとめた『人と自然と　わが庭の記』（80年、一莖書房）などが出た。境小の教師の実践記録や集中講義を受けた学生の感想文等も、斎藤の編著で何冊も本になった。

また81年、病の床で教授学研究の会の機関誌『事実と創造』(月刊)の発刊を企画して編集委員会を編成し、自ら創刊号の巻頭論文を書いたが、この創刊号を目にして亡くなった。とにかく、膨大な分量の出版物である。

6 最晩年の生活

1 闘病生活

斎藤は1971年に還暦を迎えたが、この頃から身体の不調を覚えるようになった。以下、主治医だった金井朝忠の手記から引用する(「病中の斎藤先生」『総合教育技術』81年10月号)。

71年12月、風邪の症状がなかなかとれず金井に相談。血管トランスアミナーゼ値(引用者注・肝機能の異常を知らせる値)から肝炎と判断し、年末27日に国立高崎病院に入院。経過良好で翌年2月2日に退院したが、これが斎藤の命を奪った肝炎の始まりであった。

多忙な生活を続けて7年半後の79年7月頃から黄疸の症状が出て腹水も次第に増してきたので、8月から4カ月近く入院し、小康を得て11月21日退院。しかしこの頃は、慢性肝炎から肝硬変症に移行していた時期であった。

80年3月には終日めまい。6月頃から風邪、腹痛、下痢。毎週金井の往診を受けた。しかし、そんな状態の中で執筆、選歌、研究会世話人打ち合わせ。8月、雲仙での教授学研究の会夏の大会には「寝そべってでも行きますよ」という決意で参加。11月姫路四郷小公開研究会・講演（この後3日間腰痛）、12月呉鍋小公開研究会、続いて伊香保で教授学研究の会冬の合宿。81年1月宝塚逆瀬台小公開研究会・講演（この後4日間風邪で就床）、2月「ケノクニ」新年歌会、という活動ぶりである。

2月15日、見当識失調（注・平衡感覚の崩れ）の徴候が見えたため、3度目の高崎病院入院。夕食後おう吐。4月9日から輸血、絶食、おう吐。このようにして病状が悪化し、1981年7月24日肝硬変で死去した。享年70歳であった。

2　病の床での詠歌

病の床で斎藤は、口述筆記で80首もの歌を詠んだ。次にそのうちのいくつかを抄出する（『草と木と人間と』）。

わが病むを悲しみくるる人々よ必ず癒えて帰りゆくべし
食ひたきもの数数のなかつづまりは新ジャガイモ入れし上州おきりこみ
七十歳まで生きるをわれは願ひ来ぬ七十歳は長かったかも知れない

今になほうずく心よはるかなるものをみつめて歩み来にけり
岩つばめはわが窓に来てチチチと鳴きて行きたり楽しかりけり

現役時代、攻撃的な歌を数多く詠んだ斎藤は、最後に抒情歌の世界へ回帰した。

3　没後の出版

①歌集『草と木と人間と』（83年一莖書房）……この書名は土屋文明の命名で、土屋が序文を寄せている。

②『第二期　斎藤喜博全集』全12巻（83～84年、国土社）……1期に収録された以後の著作物の集成。

③追悼号

・『総合教育技術』81年10月号（特集＝斎藤喜博――その人と仕事に学ぶ）
・『事実と創造』斎藤喜博先生追悼号（81年11月号）
・『開く』30集（最終号）、81年
・『ケノクニ』斎藤喜博追悼号（82年6月号）

【結び】

斎藤の師・土屋文明は故郷に群馬県立土屋文明記念文学館が存在し、「東の斎藤、西の東井」

と謳われた東井義雄は、生まれ故郷の兵庫県但東町（現豊岡市）に東井義雄記念館が建つ。また、盟友・国分一太郎も故郷の山形県東根市のさくらんぼ図書館に記念コーナーが設けられている。これらに照らせば、斎藤もどこかゆかりの地にその仕事を記念する施設が設けられていて然るべきだと思われるが、そのようなものはない。

インターネットのCiNiiや国立国会図書館のＨＰで「斎藤喜博」と検索すると、斎藤をテーマとした論文の題目が２００篇以上も出てくる。これは学会発表や主要な大学紀要に載った論文に限定されているから、マイナーな研究紀要や学生の卒業論文、修士論文、博士論文、また雑誌論文などを合算すると、おそらくそれは教育者を対象とした研究論文の中で最多の膨大な件数になるであろう。

今になってみると、私なども斎藤関係の研究資料を網羅した「斎藤喜博記念資料室」などの設置に汗をかくべきだったかもしれないと悔やまれるが、前述のとおり、私は教授学研究の会の辺縁的な存在であったので音頭をとることには遠慮があり、しかも地方在住者なので思うに任せなかった。ささやかながらその償いの思いを込めたものが本書である。

第1章　教育（1）

1　原理の理解と汗だくの指導が生む「名人芸」

1　一級の教師とは

（1）仏様の指

大村はま『教えるということ』（73年、共文社。後にちくま学芸文庫）に、次のような話が出てくる。

「仏様がある時、道ばたに立っていらっしゃると、一人の男が荷物をいっぱい積んだ車を引いて通りかかりました。ところが、車はぬかるみにはまり、動かなくなってしまいました。男は汗びっしょりになって懸命に車を引きますが全く動きません。どうしようもなくなったのを見て、仏様は、ちょっと指で車にお触れになりました。その瞬間、車はすっとぬかるみから抜けて、からからと男は車を引いていってしまいました。」

これは若い日の著者が、国語教育者の奥田正造から聞いた話だというが、奥田は続けて「こういうのがほんとうの一級の教師なんだ。男はみ仏の指の力にあずかったことを永遠に知らない。自分が努力して、ついに引き得たという自信と喜びとで、その車を引いていったのだ」と言ったそうである。

（２）斎藤喜博の指

これを読んで私は、とっさに斎藤喜博の「指」を思い出した。

１９７８年にＮＨＫから放映された「教える――斎藤喜博の教育行脚」というドキュメンタリー番組では、小松市東陵小学校での公開研究会前日のリハーサルの場面が映し出されていた。５年生の台上前まわりで、転校してきたばかりで腰が上がらず回れない子どもを斎藤が補助しているのであるが、補助は「よっこらしょ」という感じで腰を持ち上げてやるのが普通なのに、斎藤は軽く手を触れるだけである。そして同校の教師や参観者に、「なるべくなら（腕を）使わないほうがいいです。指触れるくらいにすれば」と説明した。

そして試行3回目には、人差し指一本で子どもの腰に触れるか触れないかという程度の「補助」で、子どもは回ってしまった。この時の斎藤の「指」の映像が、今でも私の脳裏に鮮やかに残っている。うれしそうに斎藤を見上げる子どもに、斎藤は「ほらできた！　できたねえ！」。まさに仏様の指である。この番組を視たほとんどの人の感想で、まず真っ先にあげられているのがこの場面である。

2　「名人芸」の裏側

（1）仏様一行の秘かな地ならし

もちろん、私たちが斎藤のマネをして指一本で「補助」をしても、子どもは跳べるようにはならない。そこで「斎藤の指導は名人芸だ」ということになる。斎藤の指は「仏様の指」だというわけである。

だが不信心な私は、仏様も、指を触れるだけで荷車をぬかるみから脱出させる神通力はお持ちではないのではないか、それ以前に、仏様は秘かに地ならしをしてぬかるみを直していたのではないかと思うのである。阿弥陀如来が25体の菩薩を従えて死者を迎えに来る「阿弥陀二十五菩薩来迎図」という仏画があるが、これに見るとおり、仏様（如来）には観音菩薩やその他大勢の菩薩が付き従っているから、仏様の指示でこれらの従者が一斉に道路普請にとりかかり、アッという間にぬかるみを直してしまったのではないか。もちろん仏様たちの姿は車を引く男には見えない。

こうして地ならしが済んだのを見定めて、仏様は「ＯＫ、ＧＯ！」の合図で指を荷車にお触れになる。荷車は男の引く力でガラガラと動き出す。

（2）基礎をていねいに指導する斎藤

それと同様斎藤の指導も、テレビでは、「仏様の指」の前に地ならしがていねいに行われていた。まず、床の上のマットで前まわりの練習。次に台上前まわりに移るが、踏み切って体を跳び箱の高さまで跳び上がらせれば、後はマット上での前まわりと同じだから、強引な補助をしなくても、子どもの体の動きに弾みをつけてやる程度の補助で、じきに子どもは自力で回れるようになるという論理である。そして最後はそれこそ「仏様の指」で、これは「ＯＫ」の合図である。子どもは喜びを持ち、自信を持ち、後は自分でどんどん伸びていく。

だから、ここでの指導のポイントは踏み切りのタイミングをつかませることで、テレビでは映っていなかったが、私が同行して記録をとった教育行脚の授業では、斎藤は助走する子どもと一緒に走り、踏み切りに入る直前に「はい！」と声をかけてやっていた。「一緒に駆けるんです。何十回とやるんですよ」（『わたしの授業』第2集、45頁）。それこそ汗だくの指導である。「仏様の指」の前に、こういう指導があったのである。

（３）水泳の指導でも

１９９８年7月19日付けの朝日歌壇に、次のような入選歌が載った（永田和宏選）。

児ら泳ぐ速度に合わせ校長は炎天のプールサイドを歩く　（前橋市）萩原葉月

奇しくもこの人は前橋の人であるが、約半世紀前、前橋の近くの境小学校で斎藤喜博校長がこれと同じ指導をしていた。次ページの写真がその情景である（川島浩撮影『斎藤喜博の仕事』より）。

このことについて、斎藤は次のように語っていた（『わたしの授業』第3集、２０２頁）。

「水泳のときも、吸っては吐いて、吸っては吐いてとリズムを持っていくと、相当向こうまでいっちゃうんです。ぼくはプールのはたにいて、「吸ってー吐いてー」と泳いでいる子にそばで言って送り届けると、戻ってまた「吸ってー吐いてー」と、それをね、炎天下でやっているわけですよ。大変ですよ。コンクリートの上でしょ。1年生が終わると2年生が入ってくる。つきっきりでやるんです。だから、99・1％の子どもが泳げるようになったんです。」

撮影　川島浩

この場合もやはり、指導のポイントを把握し、そして汗びっしょりの指導である。

3　跳び箱論争

（1）向山洋一の激烈な斎藤批判

「名人芸」の話が出たので、ここで「跳び箱論争」について書いておきたい。『現代教育科学』

80年6月号に、東京の小学校教師だった向山洋一（当時37歳）が、「絶えざる追求過程への参加」と題する激烈な斎藤喜博批判の論文を発表した。

当時勉強熱心な青年教師はみな斎藤の著書を読んでいて、向山もその1人であったが、斎藤の著書には「私が指導すれば、どんな子どもでも15分あれば跳び箱を跳ばせることができる」という自慢話が書いてあるが、しかしその方法はどこにも書いてなかったという。仕方がないので彼は自分で努力し、10年かかって自分でも跳べない子どもを15分といわず5分で跳ばせる技術を身に付けることができたというのである（向山『教師修業十年』86年、明治図書）。

跳べない子には、「腕を支点とした体重移動の体感」をわからせてやればよい。そのために、まず子どもを跳び箱の前方にまたがらせ、腕でかいて跳び下りさせる（向山A式）。これを数回繰り返した後、次は助走してきて跳ばせる。その際教師は跳び箱の横に立ち、跳び箱に着いた子どもの腕を一方の手でつかみ、もう一方の手で子どものお尻を押してやる（向山B式）。これを数回繰り返せば、手にかかる子どものお尻の重さがあまり感じられなくなる。そうなれば、もう補助しなくても子どもは自力で跳び越せる。この間5分だというのである。

わかってみれば、これは至極簡単な技術で、「斎藤は、なぜこんな簡単な技術を隠して、「私ならできる」と自慢をしていたのか。斎藤が跳ばせる技術を公開していたら、日本全国どこの学校へ行っても跳び箱が跳べない子どもがいるという現実は変わっていたはずではないか」と非常に腹が立ったという。『現代教育科学』に投稿した論文は、そういう憤激を込めて、「斎藤は跳び箱を跳ばせる技術を〝隠し財産〟にした」という告発であり、「子どもを跳ばせられずにいる教師は、この向山式を試してみてほしい」と読者に呼びかけたのであった。

(2) かみ合わない論争

この挑発的な向山論文を読んで私は憤慨した。跳び箱を跳ばせる手順は、斎藤はこの2年前のテレビ放映で公開しているし、またその前年に斎藤の教育行脚に同行して私がつくった斎藤の体育の授業記録集『わたしの授業』第2集でも詳細に公開されている。そこで私は「斎藤は跳ばせ方を公開しているではないか」と向山に反論する論文を同誌に投稿したが、これに向山が反論してきて、いわゆる「跳び箱論争」が始まった。

向山は、もっと以前のことを問題にし、また向山と同じ即席の指導法を斎藤も採っていて、それを隠していたと思ったようだが、テレビで見たとおり、斎藤はどんなに時間がない時でも基礎から順を追って指導しており、そういう指導の手順は断片的ではあったが著書のいろいろな個所で書いている。だから、「斎藤は跳ばせ方を公開している」「いや、していない」という議論はすれ違ってかみ合わず、雑誌上での論争は双方が4回くらい言い合って終わった。

(3) 教育技術法則化運動の発足と発展

だが、「向山式跳ばせ方」を試した若い教師からは「私も跳ばせられました」という喜びの声が多数向山に寄せられ、このような反応に力を得て彼は、『現代教育科学』の版元である明治図書の後押しで、「すぐれた教育技術をすべての教師の共有財産に」という「教育技術法則化運

いる。

機にTOSS（Teacher s Organization of Skill Sharing）と看板をかけ替えて今日に至って

動」を84年に旗上げし、これはたちまち巨大な教育運動に発展した。この運動は、2000年を

（4）私の反省

向山の斎藤批判が出る前、私は斎藤から「跳び箱の跳ばせ方をカード式にできないでしょうか」と相談を受けたことがあった。カードをパラパラめくりながら指導することができれば便利だというのである。このことから、斎藤も跳ばせ方の技術を広めることに関心を持っていたことがわかる。

しかし、当時の私は教育技術の共有化ということへの認識がなかったので、「そうですねえ」と生返事をしただけで話は立ち消えになってしまった。もしあの時「跳ばせ方カード」を作っていれば、向山の斎藤批判も生まれなかったと思われ、斎藤に申し訳ないことをしたと悔やまれるのである。

また最近になって私は、79年出版の斎藤喜博著『教師の仕事と技術』という本の中に、斎藤の次のような言葉を見つけた。

「跳箱の上に馬乗りにさせ、両手でバーンと跳箱をたたかせ、腰を浮かせて前へ出す。もう一回同じことをやってとびおりさせる。こういうやり方を何回もして、その子の不安感を取っ

てしまうと、今度はらくにとび越すのです。」（136頁）。

跳べない子どもへの指導法で、75年の教授学研究の会・夏の公開研究大会の時の講演記録である。

何と！　これは向山A式と同じ方法である。これを斎藤は、向山の批判が出る5年も前に語り、1年前に活字で発表していたのである。そのことを私は知らずに向山と論争をしていたことになる。文献研究のミスで、これもまた悔いるしかないことである。

2　斎藤の美意識と体育指導

1　「きれいだ」「美しい」というほめ言葉の頻発

(1)「きれいだ」というほめ言葉

斎藤の合唱指導では、「きれいだ」というほめ言葉が頻発していた。教育行脚での合唱指導の記録である『わたしの授業』第5集（79年）を見ると、「とてもきれいだ」「おおきれいだ」「ああ、きれいだ、きれいだ」「とても声がきれいだね」という具合に「きれいだ」というほめ言葉のオンパレードである。

このように、合唱で「きれいだ」というほめ言葉が発せられることには違和感はないが、私が晩年の斎藤の教育行脚に同行して氏の体育授業の記録をとって回った際に驚かされたのは、跳び箱やマット運動の指導でも「きれいだ」というほめ言葉が非常にしばしば発せられることであった。

体操競技やダンスのような芸術種目では、「きれいだ」という評価の言葉に意外性はないが、体育授業での跳び箱やマット運動でのほめ言葉は「うまい」が普通で、「きれいだ」というほめ言葉は私は口にしたことがないし、聞いたこともなかった。

授業記録は『わたしの授業』第2集と第3集に収められたが、これを読み直してみると、確かに「きれいだ」というほめ言葉が多い。例えば次は、室蘭啓明高校での側転の授業記録の一部である。（傍線引用者。以下同様）

「はい、準備してもう1回。（生徒、回転する）きれいだ、きれいだ。着地がきれいですよ、音がしなくて。はい、もう1回。（生徒、回転）いいじゃない。もう1回。（3回目の回転）こんなにきれいにできる。きれいだね。とってもきれいですよ。」

これは、「きれいだ」というほめ言葉のとりわけ多い部分ではある。しかし第2、3集の全36編の体育の授業記録では405回もほめ言葉が発せられているが、最も多いのはやはり「きれいだ」で146回（36％）、続いて「いいね」が125回（31％）、「そうだ」40回（10％）、「うまい」38回（9％）の順である。

（2）文章では「美しい」という言葉

一方、体育指導に関する斎藤の文章には、「美しい」という言葉がしばしば出てくる。例えば、次のような具合である。これは、小学校3年生の開脚とび越しの記録を8ミリで見ての感想である（「子どもから学ぶ」『事実と創造』4号、81年）。

「一人だけ跳び箱から降りるとき腰をこすって降りる子がいた。私はその美しいとびこしに感動して見た。他のどの子どもより美しいと思った。特に腰をすって降りるところが、やわらかいリズムがあり流れがあって美しかった。しかし（報告者は）その美しさに少しも気づかなかったようである。その子の美しさを少しも強調していなかった。すばやくとべる子だけをよしとしていたのかもしれない。」

降りるとき腰をすったのでは、「失敗」と判定されるのが普通なのに、斎藤は、その「失敗」の動作を「やわらかいリズムがあり流れがあって美しかった」と評価するのである。

（３）肢体不自由児の歩く姿にも「美しさ」

「美しい」という言葉は、斎藤の全著作の中の体育に関する文章に１００回以上も出てくるが、その約半数は跳び箱運動の場面においてである。しかし行進の場面などでも、このほめ言葉はしばしば発せられている。74年、十和田市立三本木中学校の公開研究会で、体育館での合唱の後、退場行進をする子どもたちの姿を、斎藤は次のように描いている。少し長いが引用してみよう。

「ステージのすぐ下にいた女子の一つのパートが一斉に足踏みをはじめた。その姿は、遠くからみていた私には、光が動き出したようにきらきらと美しく見えた。……その一団のなかに、左手を胸にあて、じっと目を前に向けて、すがすがしく歩いてくる小さな女の子がいた。私はその姿を美しいと思った。左手を軽く胸にあて、腰をまっすぐにのばして歩いているその姿は、少しのすきもなく、しかも調和のとれた美しいものだったからである。
それで私は、すぐ隣りにいた校長さんにそのことを云った。とくに手を胸においている姿が美しいと云ったのだった。……（ところが実は）その子どもは左手が動かないので、いつも手を身体のどこかにつけているのだということだった。しかし行進をしているときのその子どもの左手は、少しもそうは見えなかった。その子どもの内容が、左手を生きたものにし、内容のある美しいものにしてしまったのだ。」

続く男子の行進の中には、重度の小児麻痺の子が懸命に歩く姿があった。斎藤は、それが「少しもみにくいものではなく、むしろ尊い姿に見えた」と記した後、次のように結論づける。

「私はこの二人の子どもの姿をみて、溜息が出るような思いにいっぱいになった。この二人の子どもは、（自分たちの）マイナスをつかって、逆にこよなく美しいものにしてしまっている。だからそこには、肢体不自由者という差別は、その子どもにも他の子どもにも、みているものにも少しもない。一人の人間の完璧な美しさが、そしてすべての人間の美しさがそこにはあるだけである。」

この文章は教授学研究の会第2回夏の公開研究大会（75年）での講演内容で、『教授学研究』6（76年）に「授業の質と授業の可能性」と題して載せられ、さらに『授業の可能性』（76年）に再録されたものであるが、私は斎藤のものの見方と文章の美しさに感動し、現役時代は、この文章を一般教養の体育理論の講義で「体育を見る目」のテキストとしていつも読み、そして学生に感想を書いてもらったりした。しかし、当時はまだ街で身体障害者を見ることも少なく、たまに見かけると目をそむけて通り過ぎる時代だったから、身体障害者の歩く姿に美しさを見たという斎藤の文章が理解できず、「偽善的」「キレイゴト」と反発する感想も少なくなかった。

私は、これを私の実践記録として斎藤に報告したところ、氏は、これを『開く』23集（79年）

の「宿場裏から」に「一つの研究資料」として掲載し、学生の批判に「もし私に特徴があるとすれば、そういうもの（引用者注＝美しいもの）が見えるということである。見ようとしなくとも向うから呼びかけてきてくれるということである。そして私は、それは教師の重要な資質の一つともなるものだと考えるのである」という回答を寄せられた。

2　青年教師の時代から「美しい」という言葉

(1) 島小時代から「きれい」「美しい」という言葉

斎藤が「きれいだ」「美しい」という言葉を使い始めたのは、晩年になってからのことではない。島小学校に斎藤校長3年目の年（54年）から赴任した武田常夫は、当時すでに「（斎藤が）いちばん頻繁に使われたのは「美しい」あるいは「きれい」であった」と書いている（『斎藤喜博抄』89年、筑摩書房、206頁）。

また武田は、1つのエピソードを綴っている。斎藤を助手席に乗せて、景色のよいたんぼ道を車で走っていたとき、小学生の一団が夢中で走ってくるのに出会った。すると、それよりはるか遅れて、幼い子どもたちが5、6人、真剣なまなざしで先頭集団に離されまいとして夢中でかけてきた。徐走する車中でこの情景を見た斎藤は、景色などには目もくれず、「真剣に打ち込んでいる子どもの顔は美しいですね」と言ったという。武田は、「この言葉こそ、斎藤先生が生きた人間の生きた行為にあたえる最大のほめ言葉であった」と解釈している。

（2）青年教師の頃からすでに……

松本陽一・高橋嘉明『斎藤喜博の世界』（83年、一莖書房）には、斎藤が青年教師だった時代の著書『教室愛』（斎藤30歳）、『教室記』（32歳）に、早くも「美しい」という言葉が出てくることが示されている。

「子どもたちは自然のなかにおかれたときが一番美しい。教室のなかで、ぼうきれのようにあばれて、きたなくてこまる子どもも、林のなかや野原に立ったとき、なんとまあ潑溂として元気よく美しいことか。私はいつも、そういう別人のようになった子どもたちの姿に驚かされる。自然と調和してとびまわっている子どもたちの美しさに打たれる。」（『教室愛』）

「上品で、知的で、のびのびとしていて何とかわいく美しい子どもたちであろう。斎田の河原で遊ぶ子どもたちの姿の美しさ気高さに心打たれ、また誇らしさを感じる。」（『教室記』）

授業記録は載っていないので、「きれいだ」という言葉はないが、授業では、「きれいだ」というほめ言葉が発せられていたのではないかと思われる。自然の中で夢中で遊ぶ子どもの姿は美しい→真剣に何かに打ち込んでいる時の子どもは美しい→授業の中で美しい姿の子どもを育てたい。斎藤の見方と実践は、このように展開してきたと言えるだろうか。

３　短歌と子どもを見つめていく中から学んだ美意識

このような美意識を、斎藤は短歌から学び、また子どもを見つめていく中から学んだと言う（前掲「子どもから学ぶ」）。後者の事例はいま見たとおりだが、短歌から学んだという事例を次に見てみよう。

斎藤は『開く』10集（77年）の「教師に必要なものは」という林竹二との対談で、足萎えで歩けず、若くして亡くなった歌人が、鳥が足をのびのびと伸ばして飛んでいくのを見てうらやましく思い、おれの足もああいうふうにのびのびと伸びてくれればいいがなあという歌を作ったという話をし、続けて「その歌は、私の心に焼きついて忘れられないわけですね。そうすると、私が子どもたちの閉脚とび越しを指導するときには、鷺がのびのびと足をのばして美しく飛んでいく姿とか、足萎えの若人が、飛んでいく鳥を嘆きながら見ている姿とかが頭のなかにあり、子どもたちの跳箱をそれに近づけていきたいという願望がありますね」と語っている。

これは歌人としての斎藤の感性であり、これが「美しい」「きれいだ」というほめ言葉を発する元になっていると見てよいであろう。

4　すぐれた感覚を支える論理

（1）リズム・合理・内容

すぐれた感覚には、論理が裏うちされている。斎藤はすぐれた感性の持ち主であったと同時に、すぐれた理論家でもあった。

氏は、「体育は自分を調節し自分を守れるようにすることに1つの目的がある。そのためには、自分の体を自分の意志によって自由にできるようにしなければならないはずである」と書いている（『授業の可能性』188頁）。このような目的に適う身体とは、跳び箱を豪快に跳び越して、勢い余って前につんのめるような身体ではない。たとえ跳び越しに失敗しても、その条件の中できちんと調節し、安全に着地することのできる身体である。

そのようなことのできる身体の動きには、リズム・合理・内容があり、この3つの要素を満たす身体の動きには流れがあり美しいと斎藤は言う。「行進においても、マット運動においても跳箱運動においても、リズムがあり合理があり内容のあるものが美しいのであり、また逆に美しいものは必ずそのなかにリズムがあり合理があり内容がある。」（同右書、186頁）

だから斎藤は、「きれいだ」「美しい」というほめ言葉によって、子どもたちの身体の動きが、体育教育の目的に適ったものになっていることを評価したのである。

（2）「内容」とは子どもの心

斎藤がここで言う「内容」とは、学習に真剣に打ち込む子どもの姿を指すと考えられる。このような考え方の根底には、少年時代、病弱で孤独で体育が不得手だったという斎藤の、「へただ」という烙印を押されながらけなげに頑張る子どもたちに寄せるいとおしさがあると見てよいであろう。このような教師に体育の指導をしてもらえる子どもは幸せである。

5　はだしの体育

（1）島小・境小の〝はだし〟の体育

島小写真集『未来誕生』や境小写真集『いのち、この美しきもの』の見所の1つは、子どもたちが運動場での体育（舞踊や表現を含む）を〝はだし〟で行っていることである。ひょっとしたら、若い人たちの中には、「昭和30年代の日本はまだ貧乏だったのだな、子どもたちがはだしで体育をやっている」と思う人がいるかもしれない。しかしもちろん、はだしの体育の理由は「貧乏」だったからではない。

斎藤は、子どもの体育や表現の演技で、足先についてしばしば書いている。次は、それらの中の代表的な文章。体育祭での台上前まわりで、5年生女児の着地の場面である（『全集5（授業）』379頁）。

「ある子どもは足の指先で着地したが、立ち上がる直前、その5本の指が、ピアノでもひいているかのように急速度に上下に波打って動いているのだった。全神経を足の指に集中し、それを急速に動かして、その力で平均をとり美しく立ち上がっているのだった。その動作は、ほんの瞬間だったのだが、それが私にはひどく長い時間、白いマットの上にあざやかに美しくみえていた。」

「そこまで見るか！」と驚く他はないが、はだしだからこそ見えることである。横まわりでも、まず「腰でまわる」ことを指示し、次には「足の先から手の先までの全身を一本の線にして、からだ全体でまわりなさい」と要求している。その結果、「横まわりは、いっそう美しくなり内面的なものになり、手の指先から足の指先までいのちがあるようなものになっていった」という（『全集6（教育学のすすめ）』３４５頁）。こういう横まわりの姿が、『いのち、この美しきもの』に写真59として載っているが、これもまた、靴をはいていたのでは見えない美しさである。

(2) 運動場の石を拾う

はだしの体育のためには、足が痛くないように運動場をきれいにしなければならない。斎藤は、境小へ赴任した時のことを、「校庭にはこぶし大の石がごろごろしていて幾ら拾っても次から次へと出て来た。……そういう校庭をブルドーザーで掘り、全校の生徒で石を拾って、そこへ野芝を植えた。

拾った石はトラックに7台も運んだし、残りは一ところへ集めて小高い山をつくった。……この作業をしたために、校庭は見ちがえるようにしっとりと清潔な感じになってきた。やわらかく美しくなってきた」と書いている（『可能性に生きる』364頁）。

写真集『斎藤喜博の仕事』の最後のページは、しゃがんで石を拾う一人の子どもの写真で、「境小の全校での校庭の石拾いのとき、一年生が、小豆粒のような小石まで丹念に拾って、左手に山のようにためているところである。わたしはこういう無心な一心な姿に心打たれる」という斎藤の解説が付いている（112頁）。

（3）奈良女子大附小・土谷正規の実践

「はだしの体育」の話が出たので、私がかつて校長を勤めた奈良女子大学附属小学校の土谷正規（1919～）の実践にもぜひ触れておきたい。

この学校は、斎藤の初任校・玉村小が熱心に学んでいた奈良女高師附小の後身で、土谷は1950年から33年間にわたってこの学校に勤めた人であるが、赴任して目についたのは体力のない子どもたちの姿であった。そこで、まず手がけたのが「はだしの体育」であった。

そのため、「私は早朝出勤をして自分でレーキで小石を掘り出して捨て、ふるいで山土をとおして撒いた。少しずつきれいな運動場ができていくにつれ、子どもたちも手伝いをし出した。体育の時間の一部も、運動場作りに費やした。その結果、3年後には運動場はテニスコートのように石のないきれいな広場になってきた。」（土谷「私の歩んだ体育の道」小林編『土谷正規の体育』

81年、タイムス、8頁)

このように足の痛くない運動場は今も維持され、高学年のクラブ活動には「運動場」というクラブも作られ、子どもたちもきれいな運動場の維持管理に努力している。

「はだしの体育」は、斎藤にあっては美的観点、土谷にあっては体力づくりの観点からのものであったが、テニスコートのようにきれいな運動場は共通であり、そこに清々しさが感じられる。公開研究会で、運動場を駐車場にしている学校があるが、斎藤や土谷の実践を知る者から見ると、ただもう絶句する他はない。

3 訓練と調教――林竹二との不本意な別れ

1 斎藤の「教える」のビデオから受けた違和感

(1) 私の違和感

NHK放映の「教える――斎藤喜博の教育行脚」という番組を、私は深い共感と感動を持って視たが、ただ、1年生への体育指導の2つの場面には違和感を覚えた。

そのうちの1つは、子どもたちが2列になってうつむき加減で体育館に入ってくる場面で、私は「何か元気がないなあ」と思って映像を見ていたら、斎藤は参観者に「目的のない歩き方ですね」と説明し、この学校の教師に「必要と目的に応じて訓練しなきゃだめ、それが教育なんだから。ちっともそういうことをしていないからこういう歩き方になる」と厳しい苦言を呈し、椅子に坐っている校長先生の憮然とした表情が映った。

そしてその直後、一人の子どもを指して叱責する斎藤の声が響いた。「またその子やったな、さっきもやったのに。さっき後ろの子をけっとばして今つっこくったろ。だからその子歩けないんだ、いつも」。「教師に厳しく、子どもには優しい」というのが斎藤について抱く私のイメージだったから、この叱責は全く意外で、正直のところ私は目と耳をふさぎたくなった。

もう1つの違和感は、この後、3人並んでうさぎ跳びをする場面で、斎藤が手前の子どもを指導して跳ばそうとした時、向こうの2人も一緒に跳び始めようとしたのに対し、「そこの2人、何してる」と叱責した場面であった。

私はこの2つの場面を視て、こんな「斎藤先生らしからぬ」指導場面をなぜわざわざ選んで放映するのだろうと、ディレクターの不見識に怒りを覚えたのであった。

(2) 林竹二が受けた強いショックと拒否反応

ところが、この2つの場面に違和感を持ったのは私だけではなく、横須賀薫によると、林竹二もテレビでこの場面を視て「激しいショックを受け、強い拒否反応を持った」というのである

（横須賀『斎藤喜博　人と仕事』97年、国土社、165頁）。

斎藤より5歳年長の林は、すでに序章で見たとおり、宮城教育大学学長の時に斎藤喜博の全集に触発されて小学校への授業行脚を始め、斎藤を授業分析センターの教授に迎えた教育哲学者で、以来「教授学研究の会」に客員として参加し、斎藤と共に教師たちを啓蒙して斎藤が最も恃みにしてきた人である。

その林が、テレビでの斎藤のこの行動は教育ではなく調教だと見たのであろうということ、そしてこのことが、林が斎藤から離別する直接的な原因になったと横須賀は解釈している。私には、林の気持ちがわかる気がした。

2　斎藤の叱責を肯定する解釈

(1)　横須賀薫と笠原肇の解釈

ところが横須賀は、斎藤は教育では「訓練」がきわめて大切であると考えていて、この場面でも意図的に訓練したのである、と斎藤を擁護し、この場面は膨大なフィルムの中から選択されたもので、「斎藤は自分の仕事を一番よく示している場面として積極的に選択したはず」（右掲書、168頁）だと言う。つまりあの映像は、ディレクターが不見識で選んだのではなく、斎藤が選んだものだというのである。これで私は訳がわからなくなってしまった。

横須賀の著書よりずっと前に出た笠原肇の『評伝　斎藤喜博――その仕事と生き方』（91年、

一茎書房、２１６頁）でも、やはり斎藤が擁護され、林に師事し、斎藤を「訓練師・調教師」と批判した日向康（『林竹二・天の仕事』の著者）が厳しく論難されている。これでますます私の戸惑いは深まった。

（２）武田常夫の経験

ところが武田常夫は、『斎藤喜博抄』で「子どもを叱らない人」と題して、「斎藤先生は大声で子どもを叱るようなことはほとんどなさらない人であった。……私の知るかぎり先生は、子どもに対して絶えずもの静かで折目正しい人であった」（28頁）と書いていた。これを読んで私は、「子どもには優しい」というのは昔からそうだったのだ、テレビでの厳しい叱責は何かの間違いだったのだと思った。

ところが武田の文章を続けて読むと、島小で武田が６年生を担任していた時の行進練習で、「大部分熱心に取り組んでいる中に、全体の秩序やリズムをかき乱している２人の子どもがいるのに気がついた。私は初めがまんしていた。……しかし、いつになってもやめようとしない。……「○と×、何をしているのか！」と大きな声を出した。めったに大声を出さない私が大きな声を出したので、私の声は学校全体にある刺激を与え、○と×は立ち直って行進の練習の中に加わった」と書いてあった。

ところが、この情景を斎藤校長が職員室から見ていたのである。翌日、斎藤は「武田さんの昨日の大きな声、ききましたね。きりっと全体が締まって、あれはよかった。叱るにしても褒めるにしても、事実を的確にとらえないとなりませんね。……タイミングがよかったからこそ、武田さんの言うことが通ったのです」と言ったという。

テレビで子どもを叱責した斎藤の行為は、まさにこの時の武田の行為の再現であったと私は理解して一応納得した。叱るべき時にはきちんと叱ることが授業の規律なのであろう。

3　斎藤が子どもを叱る時

(1) 斎藤が子どもを叱った事例

体育指導で斎藤が子どもを叱った場面に、私は一度だけ出会ったことがある。教育行脚での斎藤の体育授業の記録をとって回った時、ある中学校で2クラス合併の烏合の衆とも言えるような生徒を斎藤に託し、斎藤は大変な苦労をして指導したことがあった。私はこの学校への憤激を『わたしの授業』第2集に書いたが、こんな時でさえ斎藤は、生徒を叱らずに根気よく指導していて、私は「とてもマネできない」と思ったものであった。

ところが、ある小学校での5年生の台上前まわりの指導の時、大技をやったクラスの「英雄」を、斎藤は「あんたがいちばん下手だ」と叱ったことがあり、私は斎藤が子どもを叱る場面に初めて出会い、しかも誰が見ても上手な子どもを「いちばん下手だ」と叱ったので、大変驚いたことがあった。

テレビでは、先ほど指摘した通り、マット運動で勝手に演技を始めようとした子どもを叱責する場面があったが、そういえば『第2期斎藤喜博全集』の「月報Ⅲ」で音楽教師の照屋勝が、初めて斎藤の合唱指導を参観した時の印象記で「合図をしないうちにだれかが先を歌うときびしく叱るという指導」が行われていたと書いている。

これらが斎藤が子どもを叱責した数少ない事例である。

(2)「全心集中」が評価の基準か

斎藤の愛読書だった島木赤彦の『歌道小見』（講談社学術文庫）の主題は、「全心集中」であった。心を込めて一生懸命がんばるということだが、斎藤の指導の根底にあったのが、このことであったと思われる。絵でも、斎藤は技術の巧拙よりも、子どもが心を込めて一生懸命描いた絵を評価した。

これは体育でも同様で、たとえ演技に失敗しても、一生懸命に運動に取り組む子どもを斎藤はほめた。反面、態度が不真面目だったり傲慢だったりする子どもへの評価は厳しく、そういう子どもは機を逸せずに叱責したと考えると、これは意図的な訓練であるとする横須賀の解釈もうなずける。このように考えて、子どもを厳しく叱責した斎藤の行為への違和感はかなり払拭することができた。

4　斎藤の授業の訓育的側面

次節で見るとおり、特に詩の授業などでは斎藤はもっぱら子どもたちに問いかけ、「教える」

ことはほとんどない。しかしそういう授業の中でも、子どもを諭す場面が見られる。次は、庄司和晃が『わたしの授業』第1集からそのような場面を引用している部分である（「斎藤喜博『わたしの授業』に見る「感動」の条件」『現代教育科学』82年5月号）。

「ある子が「何のことが書いてあるか」と指名されたとき、この子は「わかりません」と返答した。その折り、斎藤は即座につぎのごとくいった。「学校へ来て、わかりませんと言ってはいけないの。わかりませんってことはないんだ。先生は「わかりません」という子は駄目だと思う。「わかりません」というのは、ごまかしているのだ。「わかりません」ということはないのだ。／先生が「雪のこと」というと、「あ、しってるよ」なんていうでしょう。そういう人間になっては駄目だ。」

庄司は、この授業を評して「ひどいといえばひどい。無理なことをいうといえばそうともいえる。が、これが斎藤喜博の教育である。みごとな教師気質だ。その発露である」と書いている。庄司（1929〜）は小学校教師から大学教授になった人で文筆家でもあり、斎藤と似た経歴の持ち主で、それだけによく斎藤の授業記録を読み込んでいるが、このように斎藤の授業には訓育的な側面があり、いわば教化と訓育、授業と生活指導が表裏一体となっていると言うことができる。ビデオでの子どもを叱責する場面も、このような訓育的側面の現れだったと見ることができるであろう。

５　断片的で誤解を生むビデオ編集

（１）エピソード集になってしまったビデオ映像

問題は、ビデオの編集の仕方にあると言えるかもしれない。『開く』第21集では、ある編集者の「少し断片的にすぎるように思えました。あのテレビで初めて先生と先生のお仕事に接する人には、なかなかわかりにくい画面ではなかったでしょうか」という感想が紹介されていたが、私も同感である。

教育行脚の時に私が聞いた「あんたがいちばん下手だ」という叱責の言葉は、これだけ読むと実に厳しい言い方だが、録音テープを何度も聞き直して授業記録をつくり、授業の全体的な流れがつかめてくると、この叱責の意味が私には理解できるようになった。そこで私は、その理解を『わたしの授業』第2集に書き（１０３頁）、以来ことあるごとに、この言葉を斎藤の体育指導を語るキーワードとして紹介してきた。

合唱指導で斎藤が子どもを叱責した場面に立ち会った照屋も、やはり私と同様、授業記録をつくるために「何度もテープを聞いているうちに、斎藤先生が合唱指導の中で何をなさろうとしたかが少しずつではあるが分かってきたのである」と書いている。

テレビの映像は、映っていることは事実でも、そこだけが断片的に切り取られて提示されているので、指導の全体的な流れの中でのその「事実」の位置づけがわからず、横須賀のように斎藤の最も近くにいた人以外には斎藤の意図が理解できなくなってしまっていると私には思われる。不幸なことに、林竹二にも斎藤の意図は伝わらず、林は強い違和感を抱いて離別の道を選んだのであった。

子どもを叱責した場面だけが切り取られずに、その前後の情景も放映されていれば、叱責の言葉が飛んだ背景が理解でき、また叱責の後、行進がどのように変わったかということも読み取ることができて、研究資料として価値のあるものになったはずだが、実際は、さまざまな場面が細切れ的につなぎ合わされているので、エピソード集で終わってしまっているのである。時間に制約のあるテレビ番組では、これは最初からわかっていることなのに、こんな誤解されやすい場面を断片的に挿入したのは編集上の失敗だと私は思う。

斎藤も「私の発言が文章の中に引用されることもある。しかし……その部分だけをとり上げられると誤解されることもある。発言の多くは前後の関係とか、その人との関係とかによってされることが多いからである」と書いている（『第2期全集』11巻、325頁）。この言葉が、このテレビ画面ではそのまま当てはまるのではないだろうか。

（2）編集は斎藤自身の行為

私はディレクターがこういう編集をしたと思ったのだが、横須賀によれば、斎藤が映像を選んだのだという。そうであれば、ここでは斎藤が右の自身の発言と矛盾する行為をしたことになる。

序章で、島小時代に作られた３本の記録映画は、どれも自然の風景とか村の七夕祭りなどのエピソードが挿入されて授業や卒業式の感動的な場面が中断されてしまっていると斎藤は強い不満を表明したということを見たが、それと同じことが、この「教える」のビデオでは斎藤自身の行為で再現されているのである。

学術的な教育映画なら、焦点を絞って、授業や卒業式の場面を初めから終わりまでカットせずに映し続けてもよいが、大衆向けの作品として興行面を考えるなら、エピソードを挿入して観客の興味をつなぎとめようとするのは仕方のないことである。それと同様、広く一般の視聴者に45分間という限られた枠組みの中で自己の広範囲な仕事を伝えようとすれば、主張していることとは矛盾しても、映像が総花的になるのは仕方のないことだったということになるであろうか。ただその結果、林竹二の離別という残念な結果を招いたのである。

6　背景にある林の湊川高校での授業体験

林が斎藤のテレビ映像に拒否反応を示した背景には、神戸の湊川高校という定時制高校での氏の授業体験があることを横須賀も笠原も指摘しているが、私も同感である。

１９７６年秋に林は、被差別部落に隣接するこの学校で初めて授業を行ったが、それは、ずっと進学一流校に勤めてきた教師が、いわゆる「底辺校」に転勤になったようなもので、林にとっては強烈な「異文化体験」だったと私は思う。そこでは、授業以前に「『あの子が机に今日もいない』という切実な思いが、教師の足を被差別部落の中に走らせる」（福地幸造「雑事のこと」『開く』15集）という現実があり、そういう体験を基に、林は翌77年の教授学研究の会第4回夏の公開研究大会で「教師にとって実践とは」と題して、「（湊川高校で）授業をやってみて、授業について語る前に考えなければならない、授業以前の大きな問題があるんだな、ということを痛感させられました」という問題提起を行った。しかし、参集した教師たちの反応は林の期待に反して乏しかったという。そのことへの失望感が伏線にあって、翌78年の斎藤のビデオへの拒否反応が続くわけである。

斎藤には『授業以前』（61年、麦書房）という著書があり、林には『授業の成立』（77年、一莖書房）という著書がある。ところが皮肉なことに、ここでは、林にとっての「授業以前」は、斎藤から見れば「授業の成立」という状況だったのではないかと、私は60人の雑然とした中学生を相手に根気よく授業をした斎藤を思い浮かべながら思う。しかし林は、「その場には生徒が全員集まっているからまだよい。教室に来ない生徒が少なくない学校がある」と言うかもしれない。

だから、何をもって「授業の成立」と考えるかということについて、両者が意見を交わすことがあればどんなによかったかと思われるが、残念ながらそのような機会はなかった。

7　林竹二の弔電

斎藤が亡くなった時、『ケノクニ』は追悼号（82年6月号）を出したが、そこには、「ご永眠のこと仄聞おどろき入りました／ご無沙汰を重ねてご病状を承知せず永くご冥護の機を失い残念でなりませぬ／多年のご交誼を思いご冥福を祈りつつはるかにお別れの言葉を申し上げます／仙台にて林竹二」という林の弔電が載っている。

こんなに長文の、しかも真情あふれる弔電は他にない。これは、ケンカ別れしたのではない、全く不本意に疎遠になってしまった斎藤への林の心からの弔意であった。

4　教えることと考えさせること

1　カウンセリング・マインドの国語の授業

前節では、斎藤の調教的な体育指導に林竹二が拒否反応を示したということを見た。ところがこれとは全く対照的に、斎藤の詩や短い散文を教材にした国語の授業では、ビデオを視ても『わたしの授業』の授業記録を読んでも、斎藤は終始子どもたちに問いかけている。

まず子どもたち各自に音読させ、「どんなことが書いてあった？」と問い、反応がない時は複数の選択肢を板書して「どれだと思う？」と問い、それぞれの人数を数え、「なぜそう思うか」

を問い、まだ他にあるかを問い、思いがけない答や意見に対しても斎藤は共感し、子どもたちの間で意見が対立してもそれに決着をつけずに留保してそのまま授業を進め、「さあ、この詩では、どちらをとったらいいかね。（意見が）２つ出たということを頭において、皆さんがさまざまに想像して決めてください。そのことも考えながら、もう一回読んで見ましょう。」（『わたしの授業』第3集）

授業をこのように展開するのは、おそらく斎藤が、文学作品を教材にした授業では多様な思いや考えを1つに収斂させるのではなく、子どもたち一人ひとりの文学を味わう感性を養うことが目的だという考えに立っているからであろう。教育学者の若原直樹（１９６２〜２００１）は、斎藤のこのような国語の授業を「カウンセリング・マインドの授業」と呼んだ（「斎藤喜博『わたしの授業』の一つの読みかた――斎藤喜博のカウンセリング・マインド」『北海道教育大学紀要・第1部C教育科学編』第46巻、96巻）。

2　教えて考えさせる体育の授業

(1) もっぱら「教える」だけに見える指導

晩年の教育行脚では、斎藤は国語（主として詩）、音楽（合唱）、体育（マット、跳び箱、行進）の授業を行ったが、発問主体の国語の授業とは対照的に、音楽や体育はもっぱら斎藤が教える授業であった。しかし現行の学習指導要領では、「教えて考えさせる」、そして「子どもたちの考える力を育てる」ことが教育の大方針だから、音楽や体育のような技能教科でも、教師が一方的に教えるのではなく、「どんなふうに学習すればよいか」「なぜか」と子どもたちに問いかけ、考えさせながら授業を進めるのが望ましい。

そのため、斎藤に「体育の授業では、なぜ発問しないのか」という問いがなされたことがあったが、それに対する答えは「そうしたいが（指導時間が限られた教育行脚では）時間がない」という返答であった。確かに、「教える」のテレビでは、５、６年生の腕立前方転回の指導で、体がよじれてしまう子どもの演技を見て、「どうしてかなあ、皆さんわかる？」と順番を待つ子どもたちに問いかけている場面があったが、時間があれば、こういう発問の場面がもっとふえたかもしれない。

しかし、もっぱら教師が教えるだけに見える斎藤の体育指導でも、実は子どもたちは自分の頭を使って考えながら学習しているということを証明する資料がある。次にそれを見てみよう。

（２）「教えて考えさせる」体育の指導

このテレビ放映があった年、斎藤は呉の鍋小学校でも指導しているが、前まわりの指導を受けた2年生の子どもたちの感想文が、『開く』18号（77年）に載っている。その中から、２人の子どもの作品を引用してみよう。原文は一文ごと改行した詩的な書き方だが、紙幅を食うので改行せずに転記する。

まほうつかい　　　　　　　　　　　　　　　　　　　　きど

さいとう先生は　まほうつかい　一ぷんくらいしたらできなかったまえまわりが　できたよ　うれしかったな。まるで　さいとう先生にまほうをかけられているようだ。まほうのもとは　手をひろげてへそを見ることだよ。いつもはできなかったのに　できたよ　ふしぎだな　とびあがるようにうれしかった。

斎藤は、「別にまほうをかけているわけではなく、手順をふみ、相手の事実にしたがいながら指導しているわけだが、子どもはそれを『まほう』と言っている」と書いている。この子は、斎藤の指導を「まほう」と言いながら、「まほうのもと」をきちんと認識している。

マットをつかって　　　　　　　　　　たかはし　みか

きょう　たいいくで　まえまわりマットをしたよ。はじめは　うまくできなかった。なぜかな？　なぜへたなのかな。いっしょうけんめい　まわってみた。「あっ」いまじょうずにできたよ。まわっていると　ふんわりと　そらをとんでる　みたいだった。

この子も、「なぜ？」と自分の頭で考え、「ふんわりと空を飛んでるみたい」と感じている。すぐれた身体感覚である。

この指導でも斎藤は、ほとんど発問なしに「教えた」が、子どもたちは自分の頭で考え、斎藤の指導の根底にある論理を洞察・発見していて見事である。現行学習指導要領では、「教えて考えさせる」ことが指導の眼目だとされているが、この事例は、このような指導の典型だと評価することができる。

（3）半世紀近くも昔の先行実践

右の事例は30年以上も昔の実践だが、それよりさらに15年前に出た『授業――子どもを変革するもの』（66年）で、すでに斎藤は、「教えて考えさせる」境小の授業で育った子どもたちの姿を描いている。

跳び箱で、教師が踏み切りの位置に線を引いたところ、子どもたちが「引かないでくれ、自分で考えるから」と言って線を消してしまった。そして跳ぶたびに自分の足跡を見て、「両足がそろっている」とか「今度は10センチ遠かった」とか言って、どんな跳び方をした時、一番よい跳び方ができるかを見ていたというのである。

鍋小での事例も境小での事例も、斎藤の指導に論理があった（原理を踏まえていた）から子どもたちはそれを発見することができたわけで、論理も何もない指導では、いくら子どもたちに考えさせても何も発見できないということが肝心な点である。

「教える」のビデオでは、林竹二は斎藤の体育指導を「調教」と視て拒否反応を示し、斎藤と離別することになってしまった。確かに斎藤の体育の授業は、国語の授業と比較するとはるかに

「教える」場面が多いが、しかしそこには「教えて考えさせる」「教えて引き出す」要素が多分に含まれている。

そのことを視聴者に感じ取らせることができなかったビデオ編集は、やはり失敗だったと言うほかはない。

5　斎藤教育のルーツ

1　斎藤の指導法のルーツを探る研究の難しさ

(1) 林竹二の要請と批判

林竹二は、斎藤喜博との対談で「斎藤先生はああいう指導の技術というものをどこから見つけて、どうして身につけられたのでしょうか。斎藤先生が島小で実際に先生たちを指導した、その指導の仕方、そこにあるいろいろな秘密みたいなもの、あそこにはちゃんと教授学の基礎になるようなものがあるわけですから、もう少しあれを学者の手で整理してくれるといいと思うのです。……これを教員養成の大学はほとんど何もしていない」と語っていた（斎藤・林『子どもの事実』

78年、筑摩書房、56頁）。

これは斎藤を目の前にしての発言であり、また自らも教員養成大学に身を置いていたのだから、他を批判する前に、ご本人が斎藤に斎藤教育のルーツについていろいろ訊ねてほしかったと思うが、それはともかく、研究者が何もしていないように見えるのは、怠慢ではなく、研究が難しいからだと私は思う。

（2）ルーツを探る研究の難しさ

ルーツ解明には、3つのハードルがある。

【第1のハードル】解明の糸口がつかめない

例えば斎藤の合唱の指導法は、どのようにして形成されたのだろうか。そのことを私は知りたいと思いながら、何も解明することができないままに今日まで来た。それは私が研究をサボっていたのではなく、音楽の素養に乏しい私には研究の糸口がつかめないのである。こういうことは、他にも数多くある。

【第2のハードル】糸口はつかんでも先へ進めない

また糸口はつかんだように思っても、力不足で先に進めずにいることも多い。例えば、「表現」を指導する斎藤の柔らかな身のこなしは、参観してほれぼれさせられたものであったが、こういう身のこなしを斎藤はどこで身につけたのだろうか。

島小教育の頃は、ソ連のスタニスラフスキー・システムという演劇理論を翻訳した『俳優修業』という本が大評判で、私のような門外漢でさえも訳もわからずに買って読んだものであったが、この本のことに触れた人に対して、斎藤が「スタニスラフスキーの言っているのはそういうことではない」と書いているのを読んだことがあるから、斎藤もこの本を読み、深く理解していたことがわかる。そうであれば、『俳優修業』と斎藤の表現の指導法とは何か関係があるのではないかと私は思ったが、この仮説を検証する力量は私にはない。

【第3のハードル】斎藤の独創性の出所を探るのが困難

例えば、「呼びかけ形式」の卒業式は島小で始められたというのが定説である。しかし実は、島小以前には呼びかけ形式の卒業式が行われた事実はないということを明らかにした研究は1つもなかったのである。

13年3月に出版された有本真紀『卒業式の歴史学』（講談社選書メチエ）という本で、やっとそのことが明らかになった。音楽教育の専門家で立教大学教授の著者は、古い歴史を持つ小学校の校史や教育会誌、明治時代の新聞などの史料をしらみつぶしに調べたが、島小以前に呼びかけ形式の卒業式が行われたことを記載した史料はなかったという。

しかし著者は、「こうした形式は斎藤が最初の発案者であった証拠はない」と言う。「まだ未発掘の史料があるかもしれない」というのが結論を下すのを保留している理由で、研究者的慎重さだが、一般的には、これだけ調べて発見できなかったのだから、「呼びかけ形式の卒業式は島小で始まったと結論づけてほぼ100％間違いない」と言ってよいであろう。

しかしルーツ解明の研究としては、ここまでまだ前段階で、この後、呼びかけ形式の卒業式が斎藤校長の独創なら、その独創はどのようにして生まれたのかという研究課題が出てくる。今も健在である船戸咲子によると、これは斎藤校長のアイデアで、船戸ら島小職員がみんなで話し合って決めた方式だと言う。これは幸いにして関係者が現存していてルーツが明らかになった例だが関係者がみな世を去っていると、もう解明の仕様がない。

2　ルーツ解明に迫る研究

（1）増田翼の研究

このように、ルーツ解明の研究はなかなか難しいが、最近になってその難しさを乗り越える研究が出てきた。右の有本の研究がそうであるが、増田翼『斎藤喜博教育思想の研究』（11年、出版仏教大学、発売ミネルヴァ書房）も、その代表例の1つである。

これは博士論文をまとめた本であるが、この中で増田は、「子どもの無限の可能性を引き出す」という斎藤の有名な言葉は、１９６０年発行の『未来誕生』に初めて出てくることを指摘した人はいるが、なぜこの時期にこの言葉が出てきたのかを明らかにした人はいないということを文献研究を踏まえて指摘した。その上で彼はさらに文献研究を進め、50年代から60年代の境目の時代にはいろいろな論文で「無限の可能性」という言葉が使われていて、その代表はソビエト教育学者の矢川徳光だったこと、矢川と斎藤は面識があったことなどを明らかにした。

これによって、斎藤が矢川から学んだと即断はできないと増田は断っているが、しかしこれは、第2のハードルを乗り越えた研究として評価することができる。

(2) 私の若干の研究

私は先ほど述べたとおり、斎藤の合唱や表現の指導法についてはそのルーツを知りたいと思いながら何も解明することができないでいるが、体育研究者の端くれとして、斎藤の体育指導のルーツに関しては、若干のことがらについて第2のハードルまではたどり着いている。そのことを次に記しておきたい。

①合唱指導のルーツ――日教組教研大会での大合唱

島小学校での斎藤の合唱指導のルーツは、斎藤が参加した日教組教研大会での大合唱の経験にあるのではないかということが、島小教育の初期に歌われていた歌などから推測することができる。このことは、第3章「合唱」の冒頭で述べる。

②行進のルーツ――正常歩

斎藤の行進は、手をムリに振らなくてよい、足も上げなくてよい、足音を柔らかに腰で歩くというものであったが、これと直接の関係があるのは、「学校体育の父」と呼ばれた大谷武一(1887~1966)の「正常歩」ではないかと考えられる。

彼は、自然体で脱力し、軽快な足音でさっさと歩く歩き方を、大股で歩く大股歩や急いで歩く急歩などの「特殊歩」に対比させて「正常歩」と名づけ、文部省視学官だった1940年当時

（斎藤30歳の頃）、正常歩による行進を全国を回って指導者講習会で指導した。指導者は「さっさ、さっさ」と連呼し、子どもたちも頭の中で「さっさ、さっさ」と唱えながら歩くのである。また彼は、文部省推薦で『正常歩』という指導書を著し、全国の学校と大勢の教師が購入して当時のベストセラーになった。

だから、熱心に教育に打ち込んでいた青年教師・斎藤は、当然何らかのルートで「正常歩」を知り、この指導法に共感し、これを基に自己の指導法を創り上げていったのではないかと私は推測する。

③体育指導のルーツ——岡田式静坐法と野口体操

また、行進も含めて斎藤の体育指導の根底には「深い呼吸による脱力」ということがあったが、このルーツは２つ考えられる。

その１つは、岡田虎二郎（１８７２〜１９２０）による岡田式静坐法である。これは自然体で坐り、腹式呼吸をする健康法・修養法で、大正年間に特に教師の間で大流行し、木下竹次（１８７２〜１９４６）や芦田恵之助（１８７３〜１９５１）なども実践したものだが、その次の世代だった斎藤も療養生活を送る青年教師の時代にこの静坐法を実践し、その影響を受けたのではないかと考えられる。このことは、すでに拙著『斎藤喜博——その体育指導を中心に』（一莖書房）で書いた。

２つ目は「野口体操」である。これは東京芸術大学の体育教師だった野口三千三（１９１４〜

1998）が考案した脱力の体操で、教えを受けた演劇科や声楽科の学生たちは、これを「こんにゃく体操」と呼んだ。芸大OBが結成し、林光が座付作曲家だったオペラ集団「こんにゃく座」の名称は、この体操に由来する。

野口は群馬師範で斎藤の3年後輩で体操の選手として活躍した人だから、斎藤は学生時代からその名を知っていたかもしれない。野口体操は後に大変有名になったが、斎藤は、この体操も自己の実践の参考にしたのではないだろうか。

【余滴1】「森の出口」の授業

「森の出口」の授業への斎藤の介入

斎藤の介入授業で有名なのは、「森の出口」の授業である。これは島小8年目の1957年に、3年生担任の赤坂里子が行った「山の子ども」という国語の授業に斎藤が介入したものである。

森の中で道に迷った2人の子どもが、さ迷った末に「やっと森の出口に来ました」という文章で「森の出口」とはどこかということが問題になり、子どもたちは「森とそうでない所との境が森の出口だ」という結論を出して喜んでいた。ところが教室に入っていた斎藤校長が、「そんな所が出口ではない」と言って子どもたちの解釈を否定し、「森の出口が見えてきた所が出口なのだ」という解釈を示して子どもたちをゆさぶった。教室は騒然となり、子どもたちは口々に斎藤に反論したが、結局は斎藤の説明に納得したという授業である。

なお、この年から島小に入って撮影を続けていた写真家の川島浩（当時32歳）がこの授業に居合わせていて、何枚もの写真を撮った。

川島浩撮影の写真の評判

この2年後の59年末、川島は島小写真集「未来誕生」という個展を東京で開いたが、目玉となったのは右の「出口」の授業での大きな組写真（連続写真）であった。これは、一人の女の子が斎藤のゆさぶりに驚いて思わず立ち上がって斎藤への異論を唱え（下の写真）、しかし斎藤の説明を聞いて考え込み、納得して穏やかな顔になり、着席して隣の子と笑顔で言葉を交わすという一連の動作を連写で撮った9枚の組写真であった。

これが授業の「決定的瞬間」を捉えた傑作だとして評判になり、新聞や雑誌がこぞって取り上げ報道した。また川島は、この個展で写真批評家協会新人賞を受賞した。
翌60年、麦書房の篠崎五六の勧めで、この個展の写真に斎藤の授業論と解説が付けられて島小写真集『未来誕生』が刊行された。ここでも目玉となったのは右の組写真であった。またこの直後に発行された『世界』60年4月号は、巻頭グラビアに10ページにわたって「村の学校――島小学校の記録」と題した特集を組み、やはりこの組写真を中心に川島撮影の写真を多数載せた。当

時『世界』は時代をリードする進歩的総合雑誌で、同誌で島小を知った知識人は多かったと思われ、ますますこの写真は有名になった。

写真の評判を予測しない斎藤の解説

しかし『未来誕生』の解説を書く時点では、斎藤はこの組写真がこれほど評判になるとは思わず、また授業に斎藤が介入して子どもたちが反論するのは珍しいことではないので、この「出口」の授業も特筆するほどのことではないと判断したのであろう、解説では授業展開の概略が説明され、「最後に『森の出口』が大きな討論になり」、子どもたちの結論が変わり、子どもたちは「『そうだったんだなあ』とつぶやいたりしているのだった」と書かれているだけであった。

一転して『授業』でのくわしい説明

ところが、この組写真が大変有名になり、これはどんな授業の時の写真かという問い合わせが多数あったのであろう、斎藤は66年に著した『授業――子どもを変革するもの』では、この組写真を巻頭のグラビアに通し番号を付けて掲げ、本文の冒頭で8ページにわたって「出口」の授業の情景を説明した。そこでは、斎藤の「ゆさぶり」に対する子どもたちの反応が「写真のように本を小わきにかかえこんで立ちあがる子……など一しゅん教室全体が驚きの緊張で一ぱいになった。少したつと、その緊張がかわって、猛烈に反対しだした。子どもたちは、手を動かしたり図にかいたりして、自分たちの主張を説明し始めた」と描写されている。

「出口」論争

斎藤サイドの研究者である吉田章宏（教授学、現象心理学）は、この「出口」の授業を「ゆさぶり」の典型として評価した（『授業の心理学をめざして』75年、国土社）。以後、この言葉が教育用語として一般的に使われるようになったが、教育哲学者の宇佐美寛は、斎藤の介入は「ゆさぶり」と呼べるようなものではないと批判し（「ゆさぶり批判（1）」『授業研究』77年9月号）、『現代教育科学』誌上で吉田との間で「「出口」論争」が闘わされた。しかし、議論は平行線を辿って生産的な結論には至らなかった。

私の感想としては、森とそうでない所の境目が「森の出口」だという子どもたちの解釈は「物理的な出口」を指していて、ごく常識的な解釈である。それに対して「出口が見えてきた所が出口だ」という斎藤の解釈は「心理的な出口」で、子どもたちの認識を拡大する意味を持っている。だから、出口には「物理的な出口」の他に「心理的な出口」もあると言うのが適切で、斎藤批判になってしまうが、子どもたちの解釈を真っ向から否定するのは戦略的な「ゆさぶり」だったとしてもいささか強引だったのではないか。だから、この授業は川島が撮った写真が評判を呼んで有名になったが、「ゆさぶり」の授業の典型として評価するのは疑問だというのが私の解釈である。

写真家・川島浩の絶大な業績

川島は、島小写真集『未来誕生』に続けて、境小写真集『いのち、この美しきもの』を出し、また写真集『斎藤喜博の仕事』の作成にも関わった。「出口」の授業の写真が典型例であるが、川島が撮った多数の写真があったからこそ、島小・境小の教育、斎藤の教育が広く世に知られたのであり、川島の業績は絶大であった。

江部編集長の不可解な発言

この「出口」の授業には後日談がある。「出口論争」が行われた『現代教育科学』の編集長だった江部満が、２００６年に開かれた第19回日本教育技術学会栃木大会で、この授業の情景を次のように語ったというのである。ＴＯＳＳ栃木代表松崎力という人の「大会事務局の総括」からの引用である（『「教育技術研究」年報』明治図書）。

「遠くの方で橋が見えるから、あそこが出口だと思う子がいたんです。全員。ところがそこに斉藤《ママ》先生が「ちょっと待て。遠くの方に見えたから出口なのか。橋のところが出口じゃないのか」と言うと、一斉に子どもが何も疑問を出さずに「そうだ。そうだ」と変わったんです。私は、校長先生が偉いと子どもは思っているからじゃないかと言ったのです。……これは子どもたちが鍛えられていません」と当時の授業の様子を話された。これらの様子を参加者は、固唾を飲んで見守っていた。当時を知らない若い教師たちには新鮮に感じられたのであろう。一心不乱にメモを取る姿が随所に見られた。」

ここに紹介されている発言は、子どもの解釈と斎藤の発言を取り違えていてお粗末だが、ともかくこの発言から、江部が「出口」の授業を参観していたことがわかる。ところが、江部が「見たこと」として語っていることは斎藤の説明とは正反対で、まるで芥川龍之介の「藪の中」である。どちらが真実なのか。

当該雑誌の編集長であるのに、論争の最中は口をつぐんで何も言わず、斎藤が亡くなってはるか後の今になって「真相はこうだ」式の斎藤批判を斎藤の「対立陣営」の前で得々としゃべるのはどういうことかと思わせられるし、「～と言ったのです」という江部の右の発言も、どこで誰に言ったのか証拠が何も残っていない。こんな江部を、若い教師たちは「固唾を飲んで見守」り、発言を「一心不乱にメモを取」っていたというのである。

斎藤の解説のとおり、組写真の2枚目は、驚きの表情で思わず立ち上がっている子どもの姿であることは一目瞭然で、江部が言うように斎藤の発言に子どもたちが一斉に賛成したのなら、こんな写真が撮れるはずはない。このことから、江部が真実を曲げて伝えていることは明らかであるが、しかし現場に居ながら、なぜ事実と正反対のことを言うのか不可解である。

第2章　教　育（2）

1　生涯の友・上野省策

1　上野と斎藤の出会い

上野省策は斎藤と同じ1911年生まれ。東京美術学校（現東京芸大）を卒業後、美術・図工専科として女学校や小学校に勤務し、45年の敗戦直前には東京新宿の落合第4小学校（当時は国民学校）の教師として、集団疎開の児童の付き添いで群馬の斎藤の生地・芝根村にやってきた。子どもたちは芝根国民学校に編入になったが、挨拶に出向いた上野は、職員室で初めて斎藤に会った。

上野によると、斎藤は現代芸術のいろいろな動きや美術に強い関心を持っていて、一方上野は万葉集やアララギの歌人集団に興味を持っていたので2人はすぐに話が合い、尽きることがなかったという（上野編・解説『斎藤喜博と美術教育』84年、一莖書房）。しかも、児童が寄留した東栄寺は斎藤の家のすぐ近くだったので、後に紹介する上野夫人の回想では、斎藤は学校への行き帰りに寺に寄って寮長を務めていた上野に会い、「片っ方は廊下の端、片っ方はそこに自転車を止めて、何かこう飢えたものを求めたみたいに何時間でもお話して。やっぱ斎藤さんと気が合うってことですね」という仲になり、この交友は生涯にわたって続いた。なお上野の名前はセイサクであるが、武田常夫の『斎藤喜博抄』によれば、斎藤は初めからずっとショウサクと呼び、武田らもそれにならっていたという。

戦争は間もなく終わって疎開児童は東京に帰り、上野も行を共にしたが、斎藤は学校に図画クラブをつくって指導を依頼し、氏はしばしば芝根小を訪れた。

2　上野への斎藤の支援

（1）上野の絵を売る

上野は教職の傍ら絵も描いていたが、二足の草鞋を履くことに限界を感じ、敗戦の年、教職を辞して画業に専念することを決めた。しかし案の定、たちまち窮乏生活に陥ったが、斎藤は「洋画など売れぬ貧しき日本に君あり意地になり固き絵をかく」と詠み（『職場』53年）、「わが友の君なる故に十号の重き絵も背負ひ頭下げ歩く」という具合に、上野の絵を売るために積極的に協力した。上野によれば、「私が売りたい絵をもって斎藤を訪ねると、いつも一晩泊めて、次の日の朝早くから、買ってくれる人のところにつれていった。所謂、夜討ち朝駆けというやり方で必ず相手の人をつかまえ、売ってくれた」ということである（「もっとも教えられたこと」『開く』30号、82年）。当時上野から斎藤に届いた手紙には、「今度はいろいろ力になってもらって有難う。助かった。僕は勤めてその間に描こうと思ったが、矢張だめらしい。かくなる上は餓死かくごで、素晴らしい画を描くよ」とある。

これより後の52年に島小学校長になった時は、斎藤は就任早々「東京の絵かきの油絵を1万円で買ったことがあった。私はその絵を自分で背負って来て職員室におき、庶務の先生に役場から金をもらうように頼んでおいた」と書いている（『学校づくりの記』36頁）。しかし「支払わない」という役場の返事で、職員は心配そうに集まっていたが、斎藤はすぐさま学校に隣接した役場へ走り、村長と助役に掛け合って話をつけてしまったという。

斎藤が来るまでの島小の学校予算は実に貧弱で、ロクに物も買えない有様だった。そのような状況を改革するためのデモンストレーションが、斎藤のこの行為であったのだが、その方法として「東京の絵かき」つまり上野の油絵を選んだところに、上野を支援しようという斎藤の思いを読み取ることができる。

(2) 草木社の設立

斎藤の第1歌集『羊歯』は1951年に草木社《くさき》から刊行された。これは斎藤が作った出版社であるが、自らが名前を出すのは立場上拙いという判断によるのであろう、発行人は上野君子（上野省策夫人）で、発行所は東京の上野宅になっている。

草木社の最初の出版物は、近藤芳美の『埃吹く街』（48年）であった。近藤は当時売り出し中のアララギの新鋭歌人であったから、営業効果を狙ったのであろう。事実、この歌集は発行前から『アララギ』に何度も広告が載せられ、そのため「毎日のように本を欲しいっていう方の、出ないうちから沢山注文がありました。なぜこんなに書留が来るのかしらって、びっくりしたんですけどね」と名目上の発行人であった上野夫人が回想するほど反響があった（堀江厚一「斎藤喜博と草木社―上野君子氏に聞く」『ケノクニ』99年9月号）。なお、この『埃吹く街』の表紙絵は上野が描いた「軍靴」で、装丁も上野が担当している。この辺の事情は、「5章　短歌」の3―4「近藤芳美」の項で触れる。

草木社からは、この後、斎藤の第2歌集『證』や杉浦明平の『作家論』、中島栄一の『指紋』など何点もの作品が刊行されたが、これらの挿絵や装丁も上野が行った。このことから、斎藤が出版社を作ったのは、自らの歌集やアララギ関係の知友の作品を世に出したいという思いと共に、収益はすべて上野の生活の支援に向けたいという思いがあったのではないかと推測される。

3　教育現場への復帰

（1）大学教師としての教職復帰

１９５５年に『日本の教師にうったえる』（新評論社）という新書が出た。これは勝田守一、国分一太郎、園部三郎ら日教組講師団のメンバー17名が教研集会に集う若い教師に向けて書いた教育論集で、この中に上野も入っていて、「豊かな情操を養うために」と題して書いている。ここで彼は、美術や音楽の教師は、いかに上手に絵を描かせるか、いかに巧みに唱わせるかと考える人は多いが、何のために教育をするのか、どの方向へ教育するのかと考える人は実に少ないと批判し、社会に目を向けることが必要だと論じている。

これには筆者の肩書きがないので当時の上野の身分はわからないが、日教組講師団のメンバーは、みな大学教師かそれに準じる人たちだから、この時までには上野は教職に復帰、それも大学の教師になっていて、日教組の教研活動にもかなり深く関与していたと推測される。

草木社から『作家論』を出した杉浦明平は、読者からの需要があるのに草木社の所在がハッキリしなくなってしまったので、「斎藤君の快諾を得て」増補改訂版を56年に未来社から出したと書いている（樽見博『古本道』２００６年、平凡社新書）。ということは、上野が大学教師の職を得て草木社を畳んで転居したということ、また草木社の直接の当事者は斎藤だったということを物語っているのであろう。

（2）第1回島小公開研究会

この年（55年）には島小の第1回公開研究会が開かれた。『島小十一年史』によれば、この時の参加者名簿のトップに「上野省策さん（画家）」とある。武田常夫は、「島小が発足して最初に招いた人が上野先生だった。斎藤先生は島小の出発のすがたを、だれよりも上野省策という誠実な画家に見てもらいたかったのであろう」と書いている（『斎藤喜博抄』２００頁）。

また氏は、「私は忘れない。公開研究会がすんだ夜、裸電球のともる本校の職員室で、岡本かの子の小説を例にひきながら語った教育論。まだ若かったころの上野省策氏の横顔。それにうなずいていた斎藤先生と残った参加者の幾人か。職員室の電灯はすこし暗かったけれど、私の心は無限に開かれていた」と追憶している。ここでの上野の姿は、専業画家ではなく教育者である。

（3）民間教育研究運動での活躍

58年には『美術教育』（芸術教育双書3、国土社）という上野の著書が出て、これには「千葉大学講師」という肩書きが付いている。また、この翌年の第８次教研集会の後には「美術教育を進める会」が発足したが、これにはこれまでにこの会の結成に当たっていろいろとご指導下さった美術教育界のベテランである上野先生」（同会ＨＰから）が助言者として参加し、続く同会の第１回夏の研究集会で彼は、「美術教育の方向を確かめ、具体的な方法を確立する」という演題で講演を行っているから、当時すでに上野は大学や教科研で地歩を固めていたことがわかる。

斎藤は49年に群馬県教組の文化部長になって教科研の研究集会の設立に関わり、また52年からは島小学校長になって島小教育が展開されていた。こういう斎藤の活動が、上野の教職復帰と教研集会関与への刺激になったことは十分考えられることである。

４　美術教育の方法についての模索

（1）２つのエピソード

上野の著作『美術教育』では美術・図工科教育史が通観され、『日本の教師に～』で提示された論点がくわしく説明されているが、他に興味ある２つのエピソードが紹介されている。

〈エピソード1〉

ある図工科教師の集会で、上野は「いま教育二法案が通過しようとしているが、これを防がなければ自由を生命とする芸術教育は滅びてしまう」と発言した。すると、上野が芸術教育者としてたいへん尊敬しているKさんが直ちに立って、「ただいま、上野さんが総理大臣のようなことを述べられたが……」と言われた。カンシャクもちの上野はいきなり立ち上がって「そういう言い方が一番いけない。それが問題なのだ」とえらい剣幕で怒鳴ってしまったという。ちなみに54年3月、島小学校長の斎藤は教育二法案公述人として衆議院文教委員会で反対意見を述べている。このことが、当然上野の意識にはあったであろう。

〈引用者注〉Kさんとは、美術科教育の先達・金子一夫（茨城大学教授）のことだと思われる。

〈エピソード2〉

上野は、友人であるG県のある小学校の校長Sから、「君、安井曾太郎の絵はいいのかね」と突然問われた。安井の遺作展を見たというSは、「全くがっかりしたんだ。なるほど立派な絵だ。色彩も美しいし、形もしっかりしている。しかし、なんとなくただ絵だと思えるのだ。……普通の人の感ずる喜びも悲しみもどこかへやってしまって、年がら年中色や形のことだけを考えている絵かきなんだと思ったよ。そしてつまらなくなって出てしまった」と言った。上野は、Sの言おうとしていることがよくわかる気がして、「安井先生の絵とは心が通いあわない、つまり絵画ではあるが、芸術のもつ何かが欠けているというわけかな」と尋ねたところ、Sは「図画の先生にもそういう人が多いよ」と答えたという。

この2つのエピソードは、共に「美術教師も技術至上主義に陥るのでなく、社会的視野を持て」という上野の主張につながっている。なお「G県のS校長」は、言うまでもなく群馬県の斎藤校長である。この本が出たのは島小教育6年目、『学校づくりの記』が出た年であったが、斎藤にはまだ全国的な知名度はないと上野は見たのであろう。

（2）上野だからこそ書けること

年譜で見ると、斎藤と上野の間にはかなり頻繁な行き来があった。特に51年から54年の初めにかけては、斎藤の上野宅訪問が8回、上野の斎藤宅訪問が4回（うち宿泊3回）という具合である。当時はビジネスホテルなどはなかったから、帰りが遅くなると訪問先に泊めてもらうのが普通であった。

上野の斎藤宅訪問には絵を売ってもらうことが含まれ、斎藤の上野宅訪問には草木社の件があったと思われるが、52年の島小学校長就任後は、もう1つ目的があったようである。そのことを上野は、「島小の実践が行われていた頃、斎藤は時々児童の描いた作品をもって私の家をたずねてくれた。そしてお互いに話しあったが、私も斎藤も、子どもたちの指導について、美術の授業について的確な方法を打ち出すことができないでいた。当時斎藤は島小で新しい教育活動の花をひらかせ、歌唱、演劇、運動など「表現活動」に素晴らしい成果をあげていた。……しかしなぜか「美術」について同列の成果が見られない」と書いている（『斎藤喜博と美術教育』74頁）。

当時は子どもたちに全く自由に絵を描かせる創造美育協会の考え方が支配的で、それに疑問を感じてもそこから脱却するのは容易なことではなく、それが「斎藤の考え方のどこかに影を落としていたとしたら、他教科のように純粋な斎藤の思考が生き生きと現れ難かったのだと考える」と上野は解釈し、「私も絵は描いていたが教師としては全くの未熟者で、斎藤の苦心や努力に対して何一つ協力できなかった」と自省している。

その上で氏は、「やがて斎藤が創造美育協会の主張を断ち切って、授業・教育における自由とは何かと考えを進めたとき、「全心集中と追求」という芸術に対する彼の基礎理念が芸術教育実践の中にその成果を現してきたのは、島小学校での実践の後期だったと思う」と書いている。斎藤にもこんな模索の時代があったということは、盟友であり美術教育界の動向に詳しい上野だからこそ書けることであろう。なお「全心集中」というのは、前節の3で触れたとおり、島木赤彦の『歌道小見』にある言葉である。

5　上野が評価した斎藤の美術教育

(1)　創造美育協会から決別した新しい美術教育

この島小後期に出版されたのが上野の『美術教育』であるが、この本で彼は、57年教研集会での群馬県代表の3人の教師が石彫りの〝顔〟を並べて行った発表を、「教師が実践のなかから、戦後芸術教育の主流となった創造美育の主張を批判し、生徒の内にある力を呼びさまし、自発的な学習を導き、豊かな教育活動を展開したところに大きな意義をもっている」と評価している。この群馬県代表の所属は書かれていないが、こういう教育活動が、斎藤と上野が創造美育協会から決別して踏み出した新しい美術教育の姿だと見てよいであろう。

（2）教え子の授業を見学しての開眼

その後上野は、愛知教育大学を経て1961年、神戸大学に美術科教育担当の助教授として赴任した。神戸大学での上野の一番弟子は、梶田幸恵《ゆきえ》という学生であった。彼女は65年に卒業後、神戸市立志理池小学校の教師になったが、担任する2年生の授業を見学した上野は、感想を次のように書いている（『美術の授業』の序、81年、国土社）。

「梶田君は子どもたちに絵日記を指導し、その全作品を複写して一冊の本にまとめ、それを全員に配っていた。子どもたちは目を輝かせてこの小冊子に見入り、友達の文章、自分の絵と、それぞれ読んだり見たりしながら、ほんとうにうれしそうに話しあっていた。この様子を見た時、私は目から〝うろこ〟が落ちたように感じた。そして、トルストイが「芸術というしごとは、〝美〟を追求するなどということではなくて、人間がおたがいに心つたえあい、おたがいに精神的に交る、人間としての不可欠の手段である」といったことが電光のように頭をよぎった。この時から私は、〝美術〟の教育についての考え方が大きくかわった。もしこの指導を見なかったら、親しい友人であり大きな指導者である斎藤喜博の教育理論もはっきりとはわからなかったかもしれない。」

教え子の授業を見学することによって、上野は、斎藤の教育を理解することができるようになったというのである。

(3) 斎藤に対する上野の深い敬意と理解

斎藤の個人雑誌『開く』には、口絵に上野の選んだ美術作品の写真と解説が毎号載ったが、第27集(80年)では氏は北魏の書を載せ、「よい作品は常に作家の全力をあげて、心をこめて書かれつくられたものである。……私はこのことは、美術の教育でも、まず根本として考えねばならないことと思っている」と解説している。「全心集中と追求」とは、このことであろう。

そして最終的に上野は、「斎藤喜博は美術教育の中で、自分の芸術論と教育論を統合した実践をつくりだしたたぐいまれな指導者であった。彼の行った「全力をあげて追求しぬく仕事の中にこそ〝美〟はうまれでる」という美術教育の実践は、歌人斎藤喜博の生み出した真の芸術教育としての美術教育であったと思う」と評価する(『斎藤喜博と美術教育』、74頁)。美術の専門家が、美術出身ではない教育者の美術教育をこのように高く評価するのは異例のことである。ここに36年間にわたる交友に根ざす、斎藤に対する上野の深い敬意と理解を見ることができる。

なお、斎藤が亡くなった後に刊行されたこの『斎藤喜博と美術教育』は、「画家であり美術教育論者である上野省策氏が、よき友斎藤喜博のために渾身の力をふりしぼって捧げたレクイエムだったのではないか」と武田常夫は書いている（『斎藤喜博抄』２００頁）。

６　晩年の上野の活動

（1）教授学研究の会

１９７３年に教授学研究の会が発足したが、上野は後に「（私は）この会に客員として加わり、ここ数年その会で研究をしている。私の「美術教育」はこの会で深められ、私自身の芸術研究とも相重なって、この美術教育論を書くところまで研究を進めることができた。私はこの会で多くのことを学び、多くの現場教師から口につくせないほど多様なことを教えられた」（『美術の授業』42頁）と書いている。

その現場教師の代表が堀江優、山本文夫、西岡陽子らである。

私は教授学研究の会の発足時に初めて上野に会ったが、氏は、私どもから見ればカリスマ的存在である斎藤を気安く「斎藤君」と呼ぶので、ビックリしたものであった。しかし、武田常夫は島小時代の思い出として「1枚の絵を前にしての2人のやりとりは、何でも言い合える親友同士の闊達なやりとりをきいているようでたのしかった。その絵の評価が同じならばもちろん、ちがっていたらいたで、やはりたのしかった」（『斎藤喜博抄』１９７頁）と書いているが、武田のこの思いと教授学研究の会での私の思いは全く同じである。

（2）定年退職後

75年、神戸大学を定年退職して東京に帰った上野は、油絵を制作して展覧会に出品したり（78年「平原の話」で自由美術家協会平和賞受賞）、時には墨を摺って書と画を楽しむ傍ら、東大の稲垣忠彦が76年から毎月開いた美術教育研究会に参加した（稲垣『授業研究の歩み』95年、評論社）。

なお前述の梶田幸恵は、宮城教育大学の教官公募で選ばれて同大学の助教授になっていたが、ちょうどこの頃は稲垣研に内地留学していて、この研究会で恩師の上野と再会した。

〈注〉梶田の著書は『毛筆のよさを生かす美術教育』（03年、明治図書）がある。

1981年には斎藤が亡くなった。上野は「斎藤喜博はたぐいまれな学校創造者であり、しかもその実践は息が長く、計画的段階的にすすめる人であったと思う」と追悼記に書いた（「実践の人——斎藤喜博」『総合教育技術』81年10月号）。

なお『ケノクニ』が発行した斎藤喜博追悼号（82年6月号）の表紙画は、上野の筆になるものであった。この表紙絵について編集人の堀江厚一は「上野省策氏は、ケノクニの初期から斎藤喜博と親交を結んで来られた方であるが、その実際は、交遊というよりむしろ人と人とのはげしいぶつかりあいであり、互いに自己にないものを吸収し合いながら自己の成長の糧とした趣であったよう

である。この画は、故人の生前にたまたま制作されて居たものをいただいたのであるが、唐詩選の一節がまさに追悼の賦となって、今さらながら、単に偶然といってすまされない人と人との不思議な結びつきを思わせるのである」と心のこもった解説をしている。

上野は１９９９年、88歳で没した。

2　斎藤喜博を巡る編集者列伝

1　麦書房・篠崎五六

（1）社会派ノンフィクション作家・篠崎五六

島小最初の出版物は『未来につながる学力』（１９５８年）で、出版社は麦書房である。これ以後麦書房から、斎藤や島小関係の本が次々に出版されたが、これらはみな、同書房の篠崎五六（１９２２～２００３）が手がけたものであった。

篠崎は、元々は社会派のノンフィクション作家で、島小を知る前、山梨県の僻地山村に３人のカメラマンと共に1年半にわたって取材に入り、分教場をルポした『山の学校』（55年、新評論社）という本を著した。またカメラマンたちは『村と森林』（岩波写真文庫）という写真集を出したが、この中に川島浩がいた。

なお篠崎の勤務先は婦人画報社となっているが、その後彼は言語学・国語教育専門の出版社として麦書房を興した。麦書房からは、教科研国語部会の機関誌『教育国語』を出していて部会世話人の奥田靖雄が編集に当たった。

(2)『未来につながる学力』から『未来誕生』まで

斎藤の年譜によれば、56年の島小第2回公開研究会に奥田が参加したとあるから、きっとこの時、篠崎も奥田に同行したのであろう。低学力で活気もない山の子どもを見てきた篠崎の目には、島小の子どもたちの姿は驚異的だったと思われる。彼は一気に島小に傾倒し、斎藤に島小職員の実践記録の出版を提案して『未来につながる学力』が生まれた。

なお、この本のカバーと口絵の写真を撮るために川島が篠崎に同行して来たが、彼も島小と斎藤校長に魅せられ、以後2年半にわたり島小に通って写真を撮り続け、すでに前章の【余滴1】で見たとおり、東京で「未来誕生」という個展を開いた。篠崎はこれを写真集にする企画を立て、斎藤、川島と共に膨大なネガを整理して160枚を選び、斎藤の文章を加えて60年に島小写真集『未来誕生』を出版した。大判の豪華本で、斎藤は採算を危うんだというが、篠崎には、「ぜひ出したい」という強い思いがあったのである。

（3）『斎藤喜博著作集』から『島小物語』まで

斎藤に傾倒した篠崎は、その後東京から群馬の斎藤宅の近所に転居し、島小公開研究会で発表をしたり司会を務めたりし、後には木村次郎や奥田らと共に島小の「文学教育」の相談役になったりした。

62年からは『斎藤喜博著作集』全8巻の刊行が始まり、職員の授業記録『島小の授業』、斎藤の雑誌論文の集成『私の教師論』と続き、境小学校長になった64年に『島小物語』が出版された。これは島小を出て「闘いが終わった」という気持ちでいる時だったので筆が進まず、原稿を催促する「麦書房の頭をなぐりつけ、原稿を破ってしまいたいような衝動にかられたこともあった」が、島小11年の歴史を「一年一年書き上げるたびに原稿に目を通してくれた篠崎五六氏」ほか大勢の人たちの励ましを受けて、2カ月で533枚を脱稿したと斎藤は「あとがき」で書いている。

（4）その後の篠崎

麦書房からの島小関係の本の出版は、『島小物語』をもって終わった。篠崎が国語教育関係のサークルを立ち上げて麦書房を離れたからだと思われるが、斎藤の身近にいた武田常夫も、「このごろは斎藤先生とも疎遠になった篠崎氏は自分のサークルを全国各地でもち、全国をまたにかけて歩きまわり、年に一回全国大会を開いているらしい」と推測しているだけである（『斎藤喜博抄』130頁）。

ただ、その後篠崎は斎藤の個人雑誌『開く』3、5集（73年）に「小説・部落人」を書いているから、斎藤との縁は切れていなかったことがわかる。しかしこの小説は〈つづく〉となっているが、続編は発表されていない。

2　国土社・渡辺金五郎

(1) 編集者・渡辺への感謝の言葉

斎藤は、群馬県教組文化部長の時代に教科研の再建に参与し、機関誌『教育』の編集委員にもなったが、同誌は国土社が発行していたから国土社との縁は深かった。

島小に赴任した年度の同誌1953年2月号に、斎藤は「心の窓をひらいて」という島村と島小の印象記を載せたが、これを読んだ国土社社長らに単行本の執筆を勧められ、書き上げたのが『学校づくりの記』(58年)であった。麦書房からの『未来につながる学力』より10カ月遅れであった。この本はよく売れたので、麦書房からの出版と併行して国土社からも、斎藤の本が『授業入門』『授業』『授業の展開』の授業論3部作を始めとして次々に出版された。担当した編集者は渡辺金五郎であったが、斎藤のいくつかの本では、「あとがき」で渡辺への感謝の言葉が述べられている。

雑誌『教育』で斎藤が行った6名の人たちとの対談をまとめた『教育と人間』(67年)では、「この対談を終了することができたのは、まったく「教育」編集部の渡辺金五郎氏の力である。渡辺氏がこの対談に熱意を持ち、すぐれた能力と見識を持ってテープをとり、テープから文章にしてくれ、適切な助言と励ましをしてくれなかったら、おそらくこの対談は終了しなかったし、またこのような本にすることもできなかったにちがいない。渡辺氏に深く感謝を申し上げる」と書かれている。また『斎藤喜博の仕事』（76年）でも、「この写真集をつくるために、川島浩氏はもちろん、国土社の渡辺金五郎氏（中略。この後、製版の監修者と装丁者の名をあげて）には大へんなお骨折りをいただいた。厚くお礼申し上げる」と謝辞が述べられている。

（2）頻繁な連絡と斎藤の深い信頼

斎藤の年譜では、66年頃から10年余りにわたって渡辺の名前が頻出する。例えば、斎藤が定年退職した2年後の71年10月の項を見ると、渡辺の斎藤宅訪問4回、上野駅や高崎駅で原稿の受け渡し各1回、授業観察や対談への同行2回という具合で、週に2回は斎藤と渡辺は顔を合わせていた計算になる。ＦＡＸもメールもない時代で、斎藤家には電話もなかったから、編集者は足繁く著者の元へ通ったのである。（もっとも、当時電話があったのは役場や郵便局くらいだった。）

69年からは『斎藤喜博全集』全18巻の刊行が始まったが、渡辺は全集の編集だけでなく、第3巻（「心の窓をひらいて」他）の解説を書き、これに先立つ麦書房の『著作集』でも月報を執筆していて、斎藤の深い信頼を得ていたことがわかる。年譜では、77年で渡辺の名前は消え、この年、国土社社長が新しい編集部長を連れて挨拶に斎藤宅を訪ねたとあるから、渡辺は定年退職したのであろう。

3　筑摩書房・原田奈翁雄

（1）斎藤が魅力を感じた執筆依頼

筑摩書房が斎藤の著書の出版に参入したのは、1969年の『教育学のすすめ』が最初であった。

年譜によると、これより前、63年には現代ブック社と講談社が斎藤に単行本の執筆を依頼しているが断られている。麦書房、国土社からの相次ぐ執筆依頼に応えるだけで手一杯だったのである。ところが、その後65年には文藝春秋からの「自叙伝的回想を」という依頼には応じて、執筆はかなり遅延しながらも670枚の大作『可能性に生きる』を書き上げ、68年には筑摩書房からの「ちくま少年図書館」の1冊として『君の可能性』の執筆を引き受けて2年間かけて出版し、さらにこれと併行させて同書房の「学問のすすめ」シリーズとして『教育学のすすめ』を出している。これらはみな、ありきたりの教育書とは違って魅力的なテーマで、斎藤は、ムリをしてでも書こうという気になったのであろう。このうち文藝春秋との縁は一過性のものだったが、筑摩書房との縁は、編集者・原田奈翁雄（1927～）の存在によってその後さらに深まった。

（2）『風と川と子どもの歌』の出版

斎藤より16歳若い原田が初めて斎藤に会ったのは、斎藤の境小学校長時代の68年に、『君の可能性』の執筆依頼で境小を訪ねた時であった（『本のひらく径』88年）。執筆の承諾を得て帰ろうとすると、斎藤から「子どもたちの合唱を聴いていかれますか」と尋ねられ、放課後だったが、呼び集められた子どもたちの合唱を聴いた。ところがそれは、天地をゆるがすような合唱で、原田はただもう圧倒され感激してしまった。

このことが縁で、翌年２月、斎藤の境小最後の音楽会に原田は招かれ、その場で彼は島小のテープが１本、境小のテープが数本残っていることを聞き、これらを編集してレコード化することを斎藤に懇請した。このようにしてレコード化の作業が始まったが、テープを聴いて整理し編集するために、原田と数人の編集部員が１年足らずの間に４度斎藤宅を訪問して作業をし、その後も東京のスタジオで作業が続けられ、斎藤の解説１０６枚を加え、70年10月に境小・島小合唱集『風と川と子どもの歌』が刊行された。（これは、タイトルを『子どもの歌と表現』と変えて復刻版が一莖書房から出版されている。）

（3）『君の可能性』『教育学のすすめ』『いのち、この美しきもの』の出版

話は前後するが、『風と川と子どもの歌』が出た数ヵ月前に『君の可能性』が出版され、またその１年前には「学問のすすめ」シリーズ全24巻のうちの１冊として『教育学のすすめ』が出ている。この本は、第６回教科研大会教授学部会で斎藤が３日間のべ５時間にわたって行った基調提案がその内容の大部分を占めている。だから、多分原田は教科研大会に参加してこの基調提案を聞き、「学問のすすめ」シリーズや「少年図書館」の執筆を斎藤に依頼することを編集会議で提案し主張したのではないかと思われる。

続いて、これまた原田の企画で決まった境小写真集の出版作業が始まった。これも、まず写真を選んで編集するために、原田らは頻繁に斎藤宅を訪れた。この写真集は、『いのち、この美しきもの』と題して74年に出版された。

(4) 大田小への深い傾倒

この後、原田は斎藤に同行して大田小学校の第4回公開研究会に参加したが、彼は子どもたちの姿に大変感動し、『開く』11集(75年)に「絶望を退けるいとなみ——大田小学校の授業を見て」という参観記を発表した。これは、「限りない環境の荒廃、汚染、荒廃した精神—こんな絶望的な日本国に、何でこのようなすばらしい子どもたちが存在し得るのか。これこそ、絶望を退ける教育の営みである」ということを、深い感動を持って綴った110枚の力作である。原田は以後2年、大田小の公開研究会が幕を閉じるまで参観に通い、この間に啓明高の公開研究会にも参加し、何本もの参観記を書いた。

ところが、1978年に筑摩書房は倒産してしまい、原田は退社した。この時の氏の肩書きは同社取締役、編集部次長だった。原田の「絶望を退けるいとなみ」は一茎書房から単行本になって出版された。

4 明治図書・江部満・樋口雅子

斎藤は『授業入門』を出した後に初めて明治図書の『現代教育科学』に執筆し、以後斎藤は同誌を中心に同社のいくつもの教育雑誌に頻繁に執筆し、それらは『教育現場ノート』『授業小言』など何冊もの単行本にまとめられた。

明治図書の編集者は、江部満・樋口雅子のコンビであったが、１９７２年創刊の斎藤喜博の個人雑誌『開く』も、また「斎藤喜博総編集」と銘打ったすぐれた教師や学校の実践記録のシリーズ「開く叢書」も、このコンビの発案によるものであった。『開く』は斎藤が亡くなるまで29集が発行され、「開く叢書」も20冊が刊行された。

このコンビは、『開く』の原稿の受け渡しや打ち合わせで、ほとんど毎月群馬の斎藤宅まで出向いた。ところが、77年に斎藤批判の「出口論争」、80年に「跳び箱論争」が生まれて教育技術法則化運動が旗上げされ、江部がこれに肩入れしたことから斎藤と江部・樋口の関係は断絶し、これ以後は編集部員が斎藤との連絡に当たった。不幸なことであったと言わなければならない。なお、斎藤と江部の対立はその後も尾を引いたことは、第１章の【余滴１】で見たとおりである。

５　小学館・松本陽一

小学館からは、斎藤は戦後間もなくの１９４６年に平井芳夫という編集者の担当で絵本『カヤコチャン』を出版した。その後、同社の学習雑誌に時々執筆していたが、年譜によると、66年に小学館の松本陽一ほか１名の編集者が斎藤宅を訪ねて座談をテープにとり、『小４教育技術』５、６月号に掲載したとある。ここで初めて松本の名が出てくるが、後に彼は『総合教育技術』

の編集者として芦田恵之介、宮城まり子、大村はま、林竹二等のすぐれた教育者の特集を組み、斎藤が亡くなった時には追悼号（81年10月号）を出した。

これと併行して彼は、教科研教授学部会、教授学研究の会で事務局に当たる仕事を担当し、「第3日曜の会」の常連でもあり、斎藤が亡くなった後の『開く』最終号（追悼号）、『第2期斎藤喜博全集』『斎藤喜博の世界』等々の編集でもまとめ役に努めた。小学館からは斎藤の著書は出していないが、このように、編集者・松本が縁の下の力持ち的に斎藤と教授学部会・教授学研究の会を支えた功績は計り知れない。

彼はまた、『授業批評の試み』（一莖書房）、『実践現場への手紙』（「開く」叢書）など何冊もの著書も出し、「ケノクニ」に所属して短歌でも斎藤に師事した。彼は2010年の暮れ、77歳で亡くなった。

6　草木社・一莖書房・斎藤喜博

すでに見たとおり、斎藤は、若い時には草木社という出版社をつくり、自身の歌集やアララギ関係の人たちの歌集や評論書を出版した。また定年退職後の晩年には、やはり自らの肝入りで設立した一莖書房から、「授業叢書」「学校づくり叢書」「教授学文庫」「人間と教育」などのシリーズものを次々に企画・出版し、多数の教師・研究者の著書を世に送り出した。私も、その恩恵を受けた一人である。

斎藤喜博は、稀代の教育者であると共に、センス溢れる編集者、出版人でもあったのである。

【余滴2】島小と同時代の写真集

『一年生――ある小学教師の記録』

島小写真集『未来誕生』が刊行されたのは１９６０年であるが、その5年前、55年に岩波写真文庫の一冊として『一年生―ある小学教師の記録』という写真集が出た。これは、長野県・下伊那郡会地村（現阿智村）の小学校で、この村出身の熊谷元一先生が、担任した53年入学の1年生を1年間撮り続けたものである。

『未来誕生』の写真は、これより4年後の57年から2年半の間に撮影されたものだから、この２つの写真集はほぼ同時代の作品である。熊谷は１９０９年の生まれで、島小校長の斎藤喜博は11年生まれだから、年齢的にも２人は同時代人であった。

写真集としては、『未来誕生』は重厚な豪華本であるのに対して、『一年生』はＢ６判64ページの軽装本である。しかし木造校舎のたたずまい、質素な身なりの子どもたち、全員和服を着ている母親など、よく似た写真が数多く、共に50年代の農村の小学校風景を伝えている。『一年生』は現在復刻版が出ているが、復刻に関わった赤瀬川原平は、「今から振り返ると、懐かしさも含めて、小学生の環境としてはいちばんいい時代だったんじゃないかと思われてくる」と書いている。

『一年生』と『未来誕生』の違い

ただ、『未来誕生』は「授業の写真だけを撮る」という斎藤の条件が付いていたから、授業(行事を含む)の写真がほとんどだが、『一年生』では、掃除、休み時間、放課後、また家庭での姿など、子どもたちの生活の全体を捉えているところが違う。

授業をしながら写真を撮る

熊谷は担任教師として子どもたちの写真を撮ったが、放課後や休み時間はよいとして、授業中に授業をしながら子どもたちの写真を撮ることには、当然批判が出るであろう。

ただ序章で見たとおり、斎藤喜博は青年教師だった時代、授業中に思い浮かんだ断想を「教室日記」と名付けた大判の大学ノートに書き込んだと『教室記』に書いている。熊谷が授業中に写真を撮るのは、これと同類の行為だったと見てよいのではないか。熊谷は地域に根ざした写真も数多く撮り、全4巻の『写真全集』が刊行されているほどのアマチュア写真家だったから、モタモタと時間を費やさずに、ここぞという場面で瞬時にシャッターを切ったのであろう。ともかく、熊谷の撮った写真によって、私たちは戦後復興期のわが国の農村の小学校と小学生たちの姿を知ることができるわけである。

熊谷は、2010年に101歳で亡くなった。氏は童画も描いたが、今、村内に「熊谷元一写真童画館」が建ち、5万点の写真がデジタル化されているという。

『村と森林』

岩波写真文庫からは、『村と森林』（58年）という写真集も出版されている。本章の「3　斎藤喜博を巡る編集者群像」で、篠崎五六と共に川島浩を含む3人のカメラマンが僻地山村に取材に入ったことを見たが、『村と森林』はこの3人のカメラマンが撮影した写真集である。

ここには、森林業の下働きをする村人たちの貧しく厳しい生活を伝える写真が満載されているが、この写真集の復刻に関わった映画監督の山田洋次が最も印象的な写真としてあげるのは、村の分校で、赤ん坊を背負って立ったまま机の上のノートに書き取りをしている女の子の写真である。両親とも働きに出て、子守をするのはこの子しかいないので、この子は毎日赤ん坊を背負って登校し授業を受けているのである。まだ日本の国が貧乏だった時代であるが、さすがに島村や会地村のような平場農村の小学校には、こういう子どもはいない。

同じ時期、山形県の僻地山村の中学校で、無着成恭先生に指導された子どもたちが、貧乏な生活とその原因を綴った『山びこ学校』（51年）が爆発的なベストセラーになったが、『村と森林』の子どもたちの姿は、『山びこ学校』と相通じるところがある。こういう子どもたちを見てきた川島や篠崎が、島小の子どもたちを見て目を見張り、一気に島小に傾倒してしまったことは想像に難くない。

第3章　合唱

1　島小の合唱のルーツを探る

1　ルーツは日教組大会、教研大会か

(1) 石川達三『人間の壁』に描かれた日教組教研集会での合唱

斎藤の青年教師時代の実践記録である『教室愛』や『教室記』には、合唱のことは何も書かれていない。当時の斎藤の関心は主として国語教育、特に作文教育にあり、音楽・合唱への関心は薄かったようである。合唱に斎藤が関心を抱くようになったのは、県教組文化部長に就任し、日教組の全国大会や教育研究全国集会に参加してからではないかと思われる。

１９５７（昭和32）年から59年にかけて朝日新聞に連載された石川達三の『人間の壁』という長編小説は、56年の春から1年間のS県（佐賀県）における日教組運動の様相を、一人の女教師を主人公として描いた作品であるが、その中に第6次教研全国集会（金沢）の開会式で、「（「緑の山河」の）合唱は、1万人の巨大な混声合唱であった。それは教育の自主と独立とをさけぶ津波のように大きなリズムであった」と書かれている（新潮文庫下巻、97頁）。そして閉会式もまた「緑の山河」の大合唱で幕が閉じられたという。「緑の山河」は、日教組が「君が代」に代わ

る歌として公募・制定した「新国民歌」で、実質的な日教組組合歌である。

また分科会でも、会の終わりに世話をしてくれたＰＴＡの母親への感謝の気持ちを込めて、１年生の唱歌「からす、なぜ鳴くの」を「三十にも四十にもなる先生たち、およそ二百人が合唱し、それを聞く「どの母親も、みんな泣いていた。女教師のなかにも、歌いながら涙をながしている人があった」というようなエピソードが書かれていた。

(2)　島小の小音楽会で「緑の山河」を歌う

この第6次教研は斎藤の島小教育5年目の年だから、文化部長時代より後のことだが、しかし斎藤が文化部長時代に何度も参加した日教組大会、教研集会でも、いつも会は「緑の山河」の大合唱で始まり、大合唱で終わったはずである。また分科会でも、折にふれて合唱が行われたことであろう。

そういう場の中で斎藤も歌って「合唱とはいいものだ」と思い、島小学校長になってからは職員や母親たちに合唱を指導したのではないだろうか。その証拠に、斎藤が島小に赴任した年の暮れに開かれた小音楽会では、職員と父母の合同の合唱団が、「旅愁」「シューベルトの子守唄」などと共に「緑の山河」を歌っている（『学校づくりの記』１９３頁）。小学校の音楽会で母親と教師が一緒に日教組の実質組合歌を歌うなどということは、今日では考えられもしないことだが、当時は日教組が大きな力を持ち、また民衆から支持されていたのである。

2　島小の合唱を後押しした「うたごえ運動」

(1)『青年歌集』を手に大きな声での職員合唱

こうして始まった島小の合唱を後押ししたのは、当時日本中を風靡していた「うたごえ運動」であった。私が学生生活を送ったのは昭和20～30年代の境目の時であったが、ちょうど「うたごえ運動」が爆発的に流行していて、昼休みになるとキャンパスの食堂前の広場で民青（共産党の学生組織）の学生が奏でるアコーディオンに合わせ、『青年歌集』というバイブルを手にして大きな声で合唱をしたものであった。ロシア民謡が主であった。「歌と踊りの民青」と言われ、フォークダンスも盛んであった。

それから数年後、教職に就いた私は初めて斎藤の『学校づくりの記』を読んだが、「歌う職場」という見出しのついたページに、島小では職員会と研究会の後に20分ずつ合唱をしていると書いてあって、よく歌っている歌として次のような曲があげられていた（154頁）。

「峠の我が家」「草原」「花」「バイカル湖のほとり」「懐かしのヴァージニア」「草原情歌」「原爆の歌」「もずが枯木で」「世界をつなげ花の輪に」「我等の仲間」「仕事の歌」「しあわせの歌」など。

読んで私はびっくりしてしまった。これらはすべて、私が学生時代、「うたごえ運動」で歌っていた歌である。ということは、当時私はまだその存在も知らなかったが、群馬県の利根川のほとりの島小学校でも、先生方が「うたごえ運動」の歌を歌っていたことになる。

事実、島小の教師だった赤坂里子が、後に斎藤校長を追憶して、「(斎藤は)『青年歌集』の中の「若者よ」を好んで、私たちを励ますように肩をたたいて拍子をとりながら歌われた」(「実践者斎藤喜博の真髄にふれて」『開く』30号、82年)と書いていることから、この推測は間違いないことがわかる。

日教組の大会や教研集会で合唱の楽しさ・魅力を味わった斎藤校長に主導され、島小の教師たちは、当時大流行の「うたごえ運動」のバイブル『青年歌集』を手にして大きな声で合唱し、その経験を元に子どもたちに合唱を指導し、また同じく島小の船戸咲子が創った「フナト・フォークダンス」を踊ったのであろう。

(2) 職場をまとめ、心の安らぎをもたらした職員合唱

斎藤は、『授業入門』で「会議の終りには必ず、みんなして歌を歌ったり、ソフトボールをしたりした。そして、会議で、どんなにはげしい討論をしても、批判をされても、歌を歌ったりソフトボールをしたりすることによって、また、みんなの心はほぐれ、ほがらかになっていくのだった。討論をし、たしかめあったあとだけに、みんなの心は、一そうしみじみと通い合うのだった」と書いている(38頁)。

島小3年目の54年を中心に、斎藤には合唱を詠った歌が9首ある(歌集『職場』)。次にその中から4首を抄出する。

職場に行き友らと歌ふ楽しさにこの幾月が過ぎて来りぬ
声さわやかにわが処女らは歌ひくるるいたらぬわれを大切にして
歌うたひ友らがわれを送りくるる楽しき今日の終りたる夕
渡し舟にて合唱をするわが友ら今日の仕事を終り帰ると

厳しく他を批判する歌を数多く詠んだ斎藤にしては、「ずいぶん甘い」と思わせられる歌であるが、それだけ斎藤にとっては職員合唱――特に若い女教師たちとの合唱は心慰められるものがあったのであろう。

3 実践的に確かめた発声法

島小の職員合唱は、やがて職員自作の歌が多く歌われるようになってうたごえ運動から離陸していき、船戸によれば、子どもたちも、よい2部合唱ができるようになってきたという（船戸『子どもの話』91年、一ツ橋書房、98頁）。

島小5年目（1956年）の年度末には、群馬大学の音楽教師・高原庄七を講師に迎えて校内音楽会が開かれたが、高原は講評で「島小の子どもたちは、よく声を出して歌っているが、地声だ。直通でない声の出し方を工夫する必要がある」と指摘したという。また、斎藤の『授業』（66年）では、島小の子どもたちの合唱を音楽の教師の一団が聴いたことがあり、この人たちはみな、「涙が出るほど感動した」と言っているのに、その口で「島小の合唱にはハーモニーがない。地声だ」と批判したということが書かれている（147頁）。

しかし後に、この出来事を回顧して論客の船戸は、「その主張はずうっと今になってもあります。弱声で歌うということをめぐって論争をしました。どういう声を出せばいいか、いろんな実践をしてみました。子どもが生き生きと歌うということは、形式的に弱声を出させることでは生まれてこなかったのです」と反論している（前掲書、98頁）。弱声というのは頭声発声のことであろうが、発声法の問題については、島小ではすでに結論が出ているというのである。

斎藤が指導する合唱は、体いっぱいに息を吸い、腹の底から大きな声を出すもので、これが音楽の専門家から見れば地声だということになるのであろうか。その意味では、歌声運動などは明らかに地声合唱だった。


〈注〉右記の音楽教師の一団と同じ批判を、後の境小の音楽会でも参観の若い音楽の女教師が行い、斎藤はかなり長い文章でこれに対して反批判をしている（『教師の実践とは何か』193頁）。

4　子どもの高い能力に驚く丸山亜季

(1)　人形座の島小での合宿

この年度の夏休みに「人形座」が島小の分校で合宿して稽古をした。人形座は、詩人で劇作家の木村次郎（斎藤より5歳年下）が1952年に創立し、各地の教員組合の斡旋で全国の小学校を巡回公演していた人形劇団であった。夏休みに入って巡回が終わると、どこかの学校の空き教室を借りて新しい演目の仕込みをしたが、この年は劇団のプロデューサーが群馬にすばらしい小学校があるという噂を聞いて斎藤校長を訪ね、夏休みなので分校を全面的に開放するという返事をもらったのであった。

この劇団に、座付作曲家として丸山亜季がいた。丸山（1926〜）は、福岡女子大を卒業して舞台芸術学院で学んだ人である。人形座の10数人の団員は、座長の小野を除いてみな20代の若者で、丸山はその中では年長で31歳であったが、合宿中の団員の行動について彼女は「みんなよく歌いました。食卓の準備や片付けのときも、休み時間も、夜の研究会や会議の後も、付近に人家がないので気兼ねなく合唱することができたのです。島小の先生たちは、その合唱とみんなのきびきびとした行動に感動した、と後で話してくれました。そのとき歌っていた歌のいくつかが、やがて島小の音楽教材になりました」と書いている（『歌はかがやき光はうたい』97年、一ツ橋書房、63頁）。

（2）丸山亜季への協力の依頼

丸山は、斎藤校長に見込まれて島小の音楽への協力を依頼された。58年1月であった。

「「今は、とにかく精いっぱい教科書の中から選んでこういうものをやっている」「これから、もっと違うものがぼくたち欲しいんです」という話がありました。教科書と違うものといえば、「からたちの花」とか「赤とんぼ」とかいったものしか私の頭には浮かびませんでした。けれども斎藤さんは、「芝居の時にうたった歌、ああいうの……」って言われて、「あれでいいんですか」と私はまた驚き、それで教えはじめたんです。」

丸山は「たきぎとり」「みんなで踊ろう」「機関車の歌」などを作曲して子どもたちに教えた。

「子どもたちがすぐに飛びついてきて、それにも驚きました。……島小の子どもたちは、6人もいたら何の抵抗もなく3部合唱ができるんです。教える端から歌ってしまう。ほんとうにすごい感受性です。4人いれば2部合唱ができるし、あるいは1人で「ぼく1人で低音する」といって3部をやってしまったり、そういうことを教えるとすぐやれる。しっかりできるんです。子どもたちがみんな喜んで歌うんです。」（前掲書、67頁）

以来、島小では群大の高原の指導を受けることを止め、丸山亜季の協力を得て、「一つのこと」を代表作とする斎藤作詞・丸山作曲の数々の合唱曲が生み出されることになった。

5　武田常夫と船戸咲子の学級の合唱

(1)　島小の教師たちのすぐれた指導

もちろん島小には、丸山が驚くような高い能力を持った子どもが最初から居たわけではない。

島小の教師たちのすぐれた指導があったのである。ここでは、その代表として武田常夫の合唱指導と、その武田が語る船戸学級の子どもたちの合唱を見てみたい。

(2) 武田学級の合唱

島小3年目に着任して6年生を担任した武田常夫は、子どもたちに「音楽好きか」と聞いたら、口々に「大きらいだ」と答えたと書いている(「学級づくりの記録」『島小研究報告』第2巻、95年、大空社)。体操は男先生、音楽は女先生と頭から決めていて、武田がピアノを弾いたらたいそう驚いたという。

武田はピアノの伴奏を止め、自分も子どもたちの中に入って率先して大きな声で歌うことにした。ときどき間違えて笑われた。そのうちに、子どもたちは歌うことの「照れくささ」をだんだん捨てていった。ある時、男子には希望に沿ってソフトボールをやらせ、女子だけ2部合唱で「思い出」「聖夜」「ふるさと」などを歌った。すると、男子が音楽室へどやどやと入ってきて、「先生、俺たちも歌いたい」「俺たちにも音楽教えてくれ」と言ったという。子どもたちは歌が好きになり、大きな声でのびのび歌えるようになってきたのである。

武田は、魚とり名人次郎のことやみよ子の兄さんのことなど、子どもたちの身近な話題を捉えて作詞作曲した歌をいくつも作り、子どもたちに教えた。子どもたちは大喜びで歌い、「自分たちも歌を作りたい」と言い出した。そのためには楽譜について知らなければならないので、子どもたちは自発的に楽譜の勉強を始めた。

これは武田の例であるが、武田だけでなく各教員が、職員合唱で全身で歌った経験を元に自分の学級で合唱の好きな子どもを育て、丸山がビックリするような音楽的センスと能力を持った子どもを育てたのである。こういうふうに、音楽が大好きな子どもを育て、子どもたちが自ら学ぶ学習指導をすることが、「教育としての音楽」の指導であろう。

(3) 船戸学級の子どもたちの合唱

その武田が目標としたのが、船戸咲子であった。57年、武田は本校から分校に移って船戸と職場を共にしたが、当時の思い出を次のように書いている(「忘れられない教師の姿」『開く』第6集、73年)。

「この年の船戸さんの仕事は際立ってすばらしかった。授業をしても、体育をしても、図画をかかせても抜群によかった。特にこの子らの歌う合唱の美しさは際立っていた。つややかによく伸びてさながら利根川の草原を渡る風のように聞く人の心に美しい感動を呼び起こした。歌が高潮してくると、この子どもたちのひとみがうるんでくる、しっとりとぬれてくる、そんな奇妙なことがありうるはずはないと思いながら、わたしの目にはそう見えて仕方がないのであった。かりがわたる　ないてわたる／なくはなげきかよろこびか……この文部省唱歌がこの子どもたちによって歌い出されたとたん、この古い言葉と旋律がかつてない新しい生命を獲得したように、その言葉の一つ一つが、あざやかなイメージと清冽な感情をたたえて切ないまでに深々と聴く人の心に食い込んでくるのであった。」

斎藤の『学校づくりの記』では、職員の名前はみな仮名であるが、カッコの中に本名を入れて書くと、この本で最も多く名前が出てくるのは泉幸子（船戸咲子）で96回、第2位渋沢千枝子（金井栄子）94回、第3位小島君代（柴田梅乃）60回、第4位は2年目に着任の森田明子（赤坂里子）で45回、続いて3年目からの志賀幸吉（武田常夫）44回の順である。

そして、ここにあげられた若い女教師たちのことを斎藤は、職員合唱の時の情景として「私は船戸さんをまん中へ入れて、その両方へ柴田さんと赤坂さんを並べ、3人の肩を寄り合せた。船戸さんが柴田さんと赤坂さんの肩を、しっかりかかえて歌った。この3人と金井さんとが、この学校のはじめの道をきりひらいてくれたアマテラスオオミカミたちだった。……（そして特に船戸は）身体全体から、たくまずしてすばらしいものが光り輝いているような人だった。私はこの人のことを「コノハナサクヤヒメ」と呼んでいた」と書いている（142頁。名前は仮名だが本名に直して引用）。

船戸、柴田、金井という若い3人の女教師が初期の島小を支え、特に船戸がその中心だったことがわかる。そして2年目から赤坂が加わり、3年目には武田が着任して船戸を目標に頑張ったという構図であろう。なお、島小11年を総括する『島小物語』（64年）では、赤坂が47回でトップになり、第2位が船戸41回である。

6　島小時代の斎藤校長の合唱指導

赤坂によると、島小時代の斎藤校長は、後の境小時代のように職員や子どもたちの前で指揮をすることはなく、職員合唱の一員として歌い、また学級での合唱指導は担任教師に任せていたという（「開かれた折々の窓」『島小研究報告』別巻解説）。しかし基本的なことはきちんと指導していて、例えば島小3年目にデ・ポーア（アメリカ軍の黒人合唱団）の圧倒的な声量の合唱を群馬会館で聴いた感想として、「団員の一人一人の声に合わせて編曲してあり、一人一人が自分の声を出しきって歌っている」と語り、以後島小での職員合唱の各人のパートは斎藤が決めたという。

また赤坂は、次のようにも書いている。

「斎藤先生はいつもみんなと一緒に歌っていながら、全体の調和がどうであるかを聞きわけておられた。「ソプラノとアルトがもっと声を出せば僕らが歌いよいのに、あんまり出していないんだ」。先生は真剣にいう。……先生の指摘どおり、高音部がパート練習して声を出した。すると、「今の調子で歌えばいい。それなら低音部の者が歌いよいのだ」という。つまり出ているものを抑えるのでなく、それに合うように出てない方を出す。それで合唱してみると互いに声が調和しボリュームのある歌声になっていくのだった。「いいですね。すごく響きましたね」。みんなも楽しそうだったが、先生は誰よりも大満足なさるのだった。」

こうして、声量がありハーモニーがある合唱が出来上がっていった。これと同じ指導を斎藤は、後の境小学校長の時は自ら子どもたちに行ったことが『教育学のすすめ』（215頁）に書かれている。

2 中田喜直の批判への反論

1 問題の経緯

(1) 島小・境小合唱集の発刊まで

斎藤が境小学校長を定年退職した翌年（1970年）、境小、島小の合唱を録音したテープをLPレコード4枚に編集した『風と川と子どもの歌』（以下『風と～』）が筑摩書房から刊行された。

この合唱のテープは、元々レコード化などということは全く予期せずに、音楽会などで記録用として粗末な講堂（雨天体操場）にマイクを1本立てただけの素人の録音である。だから斎藤は、出版されたレコード集の解説で「録音状態もひどく悪い」と書いている。レコードの制作者は

「修正できる」と言ったそうだが、しかし斎藤は、そのままでの刊行を求めたとのことである。

〈注〉このレコードは、95年に『子どもの歌と表現　境小＝島小合唱集』とタイトルを変えて一莖書房から CD版が出た。

(2) 中田喜直の批判と丸岡秀子の反論

この合唱集には読売新聞が注目し、「夏の思い出」や「雪の降る街を」の作曲者である中田喜直に批評を依頼した。中田は、合唱コンクールの審査員の経験も豊かだった。彼の批評は70年11月25日付の同紙に載ったが、「ハーモニーを忘れてる」という見出しで「このレコードをある人に聞かせたら「精薄児のコーラスですか」と聞かれた。私の第一印象と同じで、これはみんなが勝手に感激して歌い、ハーモニーをつくるという根本が全く考えられていない雑唱である」という酷評であった。

この原稿を読んだ担当記者は驚き、斎藤の反論を同時掲載したいと言って氏に執筆を依頼してきた。しかし斎藤は、このレコードは音楽教育の一つの資料として提出したもので、提出者がすぐに議論に加わる必要はないとして執筆を断わり、代わりに若い研究者と実践者を推薦したという。だが新聞社側は、この人たちは有名人ではないからということで断り、かつて島村総合教育で島小に出入りしていた評論家の丸岡秀子に執筆を依頼した。

丸岡の反論は12月2日付紙面に載ったが、これは「専門家の立場から見れば〝精薄児の雑唱〟かもしれないが、教育的立場からみれば、すぐれた健康児の合唱である。……弱者蔑視の精薄児呼ばわりは耐えられない」というものであった。この反論は、「雑唱」という中田の批判を認めてしまっており、また「教育的立場」とはどういうことか、この立場に立てば「雑唱」でも「すぐれた健康児の合唱」になるのか等、あいまいな内容でパンチに欠けていた。

(3) すれ違う議論

この中田批判については『音楽教育研究』誌が71年3月号で「『歌う心』と『技術』の関係」という特集を組み、また同年4月には、全国青少年文化連絡協議会という団体が「ある音楽教育論争――その意味するもの」という討論会を開き、その記録を機関誌『青少年文化』38号に載せるなど社会的波紋が広がり、大勢の人たちが発言したり執筆したりしたが、音楽家の多くは「ハーモニーがない」という中田の批判に同調するのに対し、斎藤サイドからの反論の多くは丸岡同様、中田の「精薄児」発言に対する抗議であった。そのため議論はすれ違い、互いに言いたいことを言っただけで半年ほどで終息してしまった。

右の特集や討論会では、斎藤にも執筆や参加が求められたが、斎藤は新聞への反論の執筆を断ったのと同じ理由で断り、発言することはなかった。

「他人事みたいに問題の経緯を書いているが、お前は反論しなかったのか」と言われそうである。しかし、当時私はまだ斎藤に出会う以前で、中田の批判のことも知らなかったのである。

(4) 研究者への斎藤のイラ立ち

斎藤は、自らは議論の場に出ることはなかったが、教科研教授学部会の研究者の中から、中田に反論する人が現れるのを期待していたのではないか。しかし一向に現れないので遂にしびれを切らし、『開く』第4集（73年5月）の「宿場裏から」で、「一つの経過と感想」と題して51ページにわたる文章を載せた。ここでは問題の経緯が詳しく説明され、併せて氏に寄せられた私信や児童の感想文が紹介されている。

そしてこの翌年、教授学研究の会の冬の合宿研究会で「研究者に要請される問題」として、研究者に実践の経験を積むことを求めた。このことはすでに序章で書いたが、こういう要請をした直接の原因は、中田に反論する研究者が誰もいなかったことにあるのではないかと思われる。

2　問題の焦点

私が斎藤の合唱指導を初めて参観したのは、御影小での教育行脚の際で、『風と～』の議論が終息した後のことであったが、私は出だしから地をゆるがすような子どもたちのすごい歌声に度肝を抜かれた。からだ一杯に息を吸い込み、口を大きく開け、腹の底から出す声は大きく伸びやかで、私はこんな合唱を初めて聴き、圧倒された。しかしその後、『風と～』を巡る論議のことも知らずに長い年月が過ぎ、つい最近になっ

斎藤喜博の合唱指導～声を引き出す～
（川島浩撮影）

て、多年にわたり斎藤に合唱の指導法を学んだ根田幸悦が、中田への反論の執筆を志していることを聞いて、この問題を知ったのであった。

インターネットのフリー百科「ウイキペディア」で斎藤喜博を検索すると、末尾に「音楽教育学者の河口道朗は、『風と～』のうち難しい楽曲群については『はたして合唱と言えるのか疑いたくなるような聞くに耐えない面がある』と評し……」などという酷評が載っている。中田の批判に真っ向からの反論がなされなかったために、こんな解釈が「定説」になってしまっているとすれば残念なことで、斎藤の名誉のために反論しないといけないと私は思った。

「精薄児の雑唱」とか「聞くに耐えない」などというのは余りの言い方である。そこには、音楽観、合唱観、ハーモニー観の根本的な違いがあるのではないか。そのことを明らかにすることが、40年の歳月を超えた大事な研究課題だと私は思った。そういう観点から、以下、中田批判への反論を綴ってみた。

3 発声法についての考え方の違い

斎藤は、『斎藤喜博対話集――この一つのこと』（76年、一莖書房）で「青森の『よされ節』という民謡を聞いたとき、土地のおじいさんが歌っているのを見ますと、足の爪先から全部を使っていますすね。そういうのがいちばん合理的なわけです。頭声発声というのは本来そういうものなんでしょうけれども、日本の音楽教育では頭から声を出せというような末梢的なことで形をこしらえていくというやり方ですからね。私はそうではなくて全体を人間本来の姿にしてやらせる」と語っている（396頁）。

斎藤は、日本の音楽教育の頭声発声の指導を「末梢的」と批判し、足の爪先から全部を使うのが本来の頭声発声だとしている。「末梢的」発声の指導者に中田が含まれていることは明らかである。

また、島村では母親と青年の合唱サークルが出来ていたが、あるとき両者が続けて歌ったことがあった。その時の情景を、斎藤は『授業入門』で「母親たちは胸を張り、身体全体で歌っていた。そのあと青年が歌ったのだが、それはきれいな声だが母親たちのような生きた力強さがなかった。母親は身体を動かし、身体と心全体で歌っているのに、青年の方にはそういうところがなかった。母親たちに「もっとがんばって」とか何とか言われていたが、青年は、完全に母親たちに圧倒されてしまった」と書いている（140頁）。

青年たちの「きれいな声」が中田推奨の合唱であるだろうが、それは斎藤から見れば「生きた力強さ」のない合唱で、斎藤は身体全体で歌う母親たちの合唱に共感したのである。ちなみに母親サークルの指導は、島小教諭の井上光正（本校）と船戸咲子（分校）が当たったと「島小実践年表」（『未来誕生』192頁）にあるから、島小の子どもたちの合唱は母親たちと同じ歌い方であったことが推測できる。青年の方の指導者は記録がないから、サークル内の経験者が当たっていたのであろう。

ハーモニーは、母親サークルや島小・境小の合唱にも当然あるはずだが、西洋音楽のハーモニーを至上価値とする中田は大音量の合唱に嫌悪感を覚え、みんなが勝手に大声を張り上げていると聴いたのだろうと私は思った。

4　ブルガリアの地声合唱との共通性

(1) 小泉文夫が衝撃を受けたブルガリアの合唱

民族音楽学者・小泉文夫（1927〜83）の『世界の民族音楽探訪』（76年、実業之日本社）という本がある。30年以上も前に出た本だが、私は最近初めて知って読み、大きな示唆を受けた。64年、斎藤が境小学校長になった年に、東京芸大講師だった小泉は、エジプトで開かれた国際民俗芸能祭に参加し、ブルガリアの女声合唱団の歌を聴いたが、これが衝撃の体験だった。

「驚いたことには、日本ではまったく合唱には適さないとされている地声発声で歌い、しかも、それがまことに迫力のある見事な合唱であった。私はそれを聞いたとたんに、今までこの世で聞いたこともないような音を体験して、その余りの迫力に身震いするほどであった。一番私にとって驚きだったのは、従来自然であるとか、非常に合理的に共鳴された発声法だといわれているものが、その後はまことによそよそしく美辞麗句を並べて、心にもないうそを語っているようにしか私の心に響いてこないという体験である。」（203頁）

（2）生きた力強さのある合唱という共通性

これを読んでとっさに私は、斎藤の合唱を初めて聴いた時の衝撃の体験と、身体全体での歌声に生きた力強さがあるという斎藤の先ほどの文章を思い出し、ブルガリアの合唱、青森のお爺さんの民謡、島小の母親サークルや子どもたちの合唱は、みな同じ仲間だと思った。

小泉はこの芸能祭の後、すぐにブルガリアに廻り、農道を歩いていた3人の老婆が歌う民謡を聴いた。ところがこの合唱もすごい声量で、録音機の針が吹っ切れてしまい、小泉はまたまた衝撃を受けたという。しかし彼は、「日本には、西洋音楽のハーモニーを持つ合唱を土俗的な地声の発声で歌うようなことは、はしたないというか、きたないというか、そういう感じがして、あまり美しいと思わない人もいるようである」と思った。そこで、ある研究発表会の場でブルガリアの女声合唱の録音を大勢の人に聞いてもらったところ、反応は次の2つにハッキリ分かれたという（203頁）。

①感動のあまり涙を流さんばかりに敏感にその美しさに感じ入る人。

②本能的に拒否反応を示して嫌悪感を顔に出す人。

小泉の印象では①と②の比率は6対4くらいだったが、後に放送、教室、研究会等で聞いてもらった統計では8対2くらいになり、また学生の合唱団にブルガリアの合唱を練習して歌ってもらい、聴衆のアンケートをとったら、比率は9対1ないし9.5対0.5になったという。

（3）小泉に書いてほしかった『風と〜』の批評

これと同じ調査を『風と〜』のレコードを聴いた人たちに行ってみれば、どういう結果になるだろうか。中田らの音楽家の大部分は②で、島小や境小の子どもたちの合唱を「感動したが、しかしハーモニーがない」と聴いた音楽教師たちは①と②の二股をかけているということになるだろうか。

私は、もし小泉に『風と〜』のレコードを聴いて批評を書いてもらっていたら、きっとそれは中田の批判に対峙する貴重な文献になったのではないかと思った。しかし当時は、小泉への執筆依頼を思い付く人が誰もいなかったのが残念である。

5 「日本の子どもの合唱」をつくった斎藤喜博

以上を総合して、「斎藤の合唱」は民族音楽的な地声的合唱の仲間だと考えてよいのではないかというのが私の考えである。「的」の連発で恐縮だが、「民族音楽」「地声合唱」と言い切ってしまってよいかどうか私にはわからず、識者の意見を伺いたいので、とりあえず「的」を付けてみたのである。

斎藤は、「島小や境小の子どもたちの合唱は……マイクなしで校庭の隅々まで響いていった。雑唱だったら決して響くものではない」と『開く』第4集で中田に反論している。石の建物の中で賛美歌を響かせることから始まった西洋音楽と、野外で歌声を遠くに響かせる民族音楽。そこから頭声発声による「美しく繊細なハーモニー」と、地声発声による「生き生きと力強いハーモニー」という違いが生まれたと考えてよいのではないか。

そうすると、島小・境小の子どもたちの合唱が後者であるのは明らかで、こういう違いを認識せずに、西洋音楽一辺倒の観点で民族音楽的な合唱を「ハーモニーがない。雑唱だ」と批判するのは正しくないと私は思った。斎藤は、西洋の児童合唱団のコピーではない、「日本の子どもの合唱」を創ったというのが私の考えである。どうであろうか。

【余滴3】合唱・行進とトラウマ体験

君が代斉唱合憲判決と歌わない自由

２０１１年1月に東京高裁は、入学式や卒業式で日の丸への起立や君が代斉唱をしない教師は処分するという都教委の通達は違憲ではないという判決を下した。これに対して作家の池澤夏樹は、２月２日付の朝日新聞夕刊で、「では歌いたくない者はどうすればいいのか？　歌わない自由もあるということを教師はどうやって生徒に教えればいいのか?」と問うていた。

斎藤に対する堀江厚一の疑問

これを読んで私は、堀江厚一が『ケノクニ』１９８９年5月号に執筆した「時代の中の合唱」というエッセイを思い出した。もう20年以上も前の文章であるが、ここであらためて取り上げてみたい。

堀江は31年の生まれ。小学校時代は戦争中で、「勝ち抜く僕等少国民／天皇陛下の御為に／死ねと教えた父母の／赤い血潮を受けついで／心に決死の白襷／かけて勇んで突撃だ」というような少国民歌謡を歌わせられたというが、このような歌を合唱することによって陶酔し、死の恐怖感が拭われて多くの若者が戦地に赴いた。

人間の心を1つの方向に向けてまとめるのに、合唱の果たす役割は大きく、このような歌を歌わせた教師たちの責任は重い。斎藤も当時すでに教職にあったのだから、こういう役割と全く無関係の場に居たとは思われないと堀江は批判する。

「ケノクニ」の歌会で斎藤が合唱を指導したことがあり、歌会で合唱をすることに堀江は違和感を抱きながら「私も合唱の一人として、少しは口を動かした。けれども自分からすすんで歌おうという気にはどうしてもなれなかった。……歌の果たす役割、私に果たした役割の大きさをむしろ恐さとして受けとっている私である。合唱が両刃の剣であるというおそれが捨てきれないでいるのである。……少年の日の苦い思い出を消すことができない限り、私にはまだ人々と一緒に合唱しようという気にはなれない」と書いている。

堀江は、斎藤を扶けて『ケノクニ』の編集に携わった、斎藤の最側近だった人である。そういう人が、このように斎藤に対する疑問を書いているので、私は目を見張った。

斎藤の態度はどうであったか

戦争中は祝祭日の行事で歌う歌が定められ、唱歌の教科書にも戦意高揚の歌が並んでいた。だから一教諭だった斎藤も、これらの歌を子どもたちに歌わせたかもしれない。歌わせなければ「処分」されるわけだから、歌わせたことで戦争責任を追及するのは酷であろう。

だが、戦後斎藤は「君が代」を「軍艦マーチ」の同類として厳しく拒否しているから（『全集』3、30頁）、戦争中も軍国唱歌を積極的に指導したとは思えないし、実際、当時出版された実践記録『教室愛』や『教室記』には、合唱のことは何も書いてない。

芸術教育としての合唱

斎藤が合唱に熱心になったのは、本章の冒頭で見たとおり島小学校長になってからであり、それは学校の職員や子どもたち、また研究会に集う人たちの心を1つにまとめるのに大きな効果をあげた。しかしその目的は、堀江が体験した戦時中の合唱の目的とは全く違うことは明らかで、斎藤の合唱は芸術教育としての合唱、表現力を育てるための合唱であった。ただ、どちらも人々の心を1つにすることに堀江はひっかかるのであり、それに対して目的や内容の違いを説明しても、過去のトラウマ体験を拭い去るのは難しいことであろう。

行進についての私のトラウマ体験

私も国民学校5年生までが戦争中だった。私には合唱の思い出はないが、毎朝の朝礼の後、軍艦マーチに合わせ、手を大きく振り、足を高く上げた軍隊式の行進が行われ、私は級長だったのでいつも先頭を歩かせられて気恥ずかしい思いをしたことが今でも忘れられず、甲子園の高校野球入場式でこういう行進を見ると背筋が寒くなる。だから斎藤の教育行脚での体育指導が、最後は必ず行進で終わるのを見て、「なぜ今の時代に行進を」と疑問に思ったものであった。

この疑問は、斎藤の行進は戦時中の行進とは全く違うことがすぐにわかって氷解したが、それでもやはり行進に対するトラウマ体験が私に残っていることは否定できない。

【後記】東京高裁判決後、最高裁でも合憲判決が相次いだ。また大阪府と市では、公立学校の教職員に卒業式・入学式での君が代の起立斉唱を義務づける条例が成立し、府議会では同一の職務命令に3回違反すれば原則免職とする条例もできた。2011年度の府立高校卒業式では、君が代斉唱の際、校長の指示で教頭が教職員が歌っているかどうか口元を監視して教委に報告したという事例も発生した。

第4章　教授学

1 「斎藤教授学」への認識

1　教授学への斎藤の貢献が黙殺されたと憤慨する波多野完治

斎藤喜博は、最晩年の病の床で、「斎藤教授学と云はれしものも残りしか残ってもよい残らなくもよい」と詠んだ（『ケノクニ』１９８０年5月号、『草と木と人間と』に再録）。

斎藤喜博の深い理解者だった教育心理学者の波多野完治は、斎藤が亡くなった時の追悼記で、斎藤は教職の専門性を考える端緒を提供するという大きな歴史的事業をやったが、生涯にもう1つ大きな歴史的事業をやったとして、次のように書いた（「斎藤喜博氏を悼む」『総合教育技術』81年9月号。『開く』30号に再録）。

「それは、教育科学研究会のなかに「教授学部会」をつくって、教授学を日本の土壌の上に築きあげる仕事をはじめたことである。全国の新聞が、七月二十五日、斎藤氏の追悼記事をのせた。しかし、それらには、島小や境小での実践だけが報じられており、教授学への斎藤氏の貢献についてのべたものは一つもなかった。これは、はなはだ片手落ちなことで、斎藤氏の後半生を黙殺するものである。斎藤氏においては、小学校長としての業績ももちろん偉大だが、それと同じくらい、校長退職後の「理論的整理」（と氏自身がいっていたこと）が偉大なのである。」

思い出してみると、なるほど波多野の批判のとおり、新聞の追悼記事で斎藤の教授学に触れたものは読んだ覚えがない。波多野はこれを「黙殺」と解釈したが、これは黙殺以前の話で、教授学に関する斎藤の仕事が知られていなかったせいだろうと私は思う。

このようなことから見ると、「斎藤教授学は残らなかった」ということになってしまうが、本章では波多野の問題提起を受けて、「斎藤教授学」なるものが成立していたのかいなかったのかということを吟味してみることにしたい。そしてもし斎藤教授学が成立していたのなら、それが後世まで「残る」ように、声を大にして喧伝したいと思うのである。

2　教授学と斎藤教授学

(1)　授業の学問＝教授学という認識

戦後のわが国には、デューイに代表されるアメリカ教育学の著書・理論が洪水のように入ってきたが、一方共産圏諸国からも、ソビエト連邦（現在のロシア）のザンコフ『授業の分析』（1960年）、『教授学の対象と方法』（64年）、ポーランドのオコン『教授過程』（59年、以上いずれも明治図書）など教授学というカテゴリーで分類される研究書が紹介された。

当時学生だった私は授業の研究に関心があったので、これらの分厚い翻訳書を買って一生懸命に読んだものであった。当時まだテープレコーダーが未開発で、アメリカ流の授業分析的研究は生まれていなかったので、授業の学問と言えば、オコンやザンコフの著書の書名の影響もあって「教授学」だというのが私の認識であった。教科研に授業に関する分科会が「教授学特別分科会」という名で設けられ、世話人にソ連の教授学の研究者であった柴田義松が就いたことから見ると、教科研の事務局の人たちも同様の認識だったと思われる。

（2）論と学

では、教授学という学問はどのようにして成立するのであろうか。すぐれた授業実践例を無数に集め、そこに存在する共通性を抽出していくのが教授学をつくりあげる筋道であるが、抽出された共通性が「授業の原則」である。これは数が多いが、それらの原則からまた共通性を抽出したものが「授業の原理」である。これは「授業の法則」と言ってもよい。このようにして、授業の原理・原則を明らかにするのが「授業の理論化」ということであり、この段階で授業について書かれた論文が「授業論」である。そしてさらに、数々の授業の原理相互の関係を吟味して体系化あるいは構造化したものが授業の学問＝教授学である。

ただ、教授学と言うと何となく思弁的な学問というイメージがないこともないので、授業についての実証的な研究が進んでくると、授業の学問を教授学ではなく「授業学」と呼ぶ人が現れてきた。実は私もそうである。

斎藤喜博も、「授業という言葉が好きである」（『授業入門』あとがき）と書き、著書の書名も「授業」という名の付くものが非常に多いから、教科研に授業の分科会が設けられた当時に「授業学」という言葉があれば、これを選んだかもしれない。しかし当時は「授業の学問＝教授学」と考えられていた時代で、また斎藤もすでに序論で見たとおり、教授学という言葉に違和感はなく、自身が構築を目指す授業の学問を「斎藤教授学」と名付けたのであろう。

そんなわけなので、以下、私自身は「授業学」という言葉が好きだが、原則として教授学という言葉を使っていくことにしたい。

（３）斎藤教授学の定義

では、教授学の中で、ことさら「斎藤教授学」と言う時のその中味は何であろうか。斎藤は、「私が指導すると、どういうわけか子どもたちがすぐにできるようになる。それがなぜなのかということを研究者の人たちに明らかにしてほしいのですよ」と語っていた。この「私が指導すると」という言葉を「島小・境小教育」と拡大すると、斎藤教授学を次のように定義することができる。

> 「斎藤教授学」とは、子どもの持っている可能性を、無限に引き出し拡大してやる教育の原理・原則を、斎藤喜博が、島小・境小の実践の事実を基に体系化した授業の学問のことで

ある。

(4) 道半ばで終わったか?

「斎藤教授学と云はれしものも残りしか……」という歌は、「藪蔭の土」と題する一連10首の9番目の歌だが、10番目には「何もかも中途半端になりたれどただ思ふそのときどきの人々の恩」という歌が続く。だから、この10番目の歌には、斎藤教授学をつくる仕事が中途半端に終わったという思いが込められていると解釈してよいであろう。

「中途半端」という言葉は語弊があるが、「道半ば」という意味であろう。そこで以下、このような意味での斎藤教授学の構築がどこまで進んでいたのかということを検討してみることにしたい。

2 「斎藤教授学」の黎明

1 最初の体系的授業論書『授業入門』

(1)『未来誕生』と『授業入門』

斎藤が島小学校長8年目を終えた1960年に、『未来誕生』と『授業入門』がほとんど同時に出版された。前著が原稿用紙350枚、後著550枚、合わせて900枚という膨大な執筆量であるが、これが、斎藤が島小学校長になってから執筆した最初の本格的授業論書である。

ただ、『未来誕生』は川島浩撮影の「島小写真集」であり、ここに10編の斎藤論文が添えられているが、短いものでも原稿用紙30枚、長いものは60枚の論文が、小見出しなしに大判の紙型にギッシリ詰まっている。そのため、読み通すのが少なからず難儀で、また全部読まないと何が書いてあるのかわからない。そんなこともあってか、この写真集での斎藤論文はあまり話題にならず、氏の島小実践を踏まえた授業論書の第1作は『授業入門』であるというのが定説になっている。私もこれに同調する口である。

斎藤は文学者でもあったので、文章は息が長く、頻繁に小見出しをつけて文章を短く区切る学術論文の書き方には馴染まなかったと思われる。これが、不遜な言い方になってしまうが、斎藤の数々の授業論書を教授学の書として見なすことができるかどうか検討する際に私たちを悩ませる元になる。

(2) 斎藤教授学の出発点となった『授業入門』

『授業入門』の目次は、「子どもが悪いのではない、授業の創造、芸術教育について、躍動する学校集団、未来をつくる教師」で、「子どもが〜」は教師の責任について書かれているから、これをまとめると、「授業論、芸術教育論、学校集団論、教師論」ということになる。「授業入門」に学校集団が入っているのは、斎藤は、学校という大きな集団の中での相互交流があってこそ子どもの可能性を大きく引き出すことができるとして、行事も授業に含めていたからである。

このように本書では、4本の柱を立てて授業の全体を捉え、島小実践の事実を踏まえて授業の原理・原則が圧倒的な迫力を持って叙述されている。『総合教育技術』(小学館)の斎藤喜博追悼号(81年10月号)では、編集部の言葉として、『授業入門』には「授業論の重要な観点がほとんど含まれているといってよいであろう」と書かれている。当時編集者だった松本陽一の筆になるものだと思われるが、実際、『授業入門』は斎藤が著した最初の体系的授業論書である。

この本には、まだ「教授学」という言葉は出てこないが、箱石泰和は、「『授業入門』は……斎藤氏の実践と理論の1つの集大成であったが、それはまた、その後20年にわたって展開される斎藤教授学の出発点であった」(「授業論の系譜と展開」『開く』30号、82年)と評している。これが妥当な評価であろう。

2　第8回公開研究会での「宣言」

それから3年経った島小教育最後の年（1962年）に開かれた第8回公開研究会では、開会に際して、まず次のような「公開研究会宣言」が丸山亜季によって読み上げられた（傍線引用者）。

「実践の事実を客観化・論理化しないかぎり実践は低迷し固定化してしまうことは明らかであるが、それは容易なことではなく、この1年、私たちが客観化・論理化できたものの微小さにただ茫然としているばかりである。しかし客観化・論理化は足りなかったが、この公開研究会では、私たちが子どもとともに発見し、子どもとともに歩んだ実践のすべてを授業・合唱・行進・劇などで表現できると信じているので、ここに集まった広範な分野の人たちによって少しでも抽象化・論理化への糸口をつかみとることができれば幸いだと思う。」

短い宣言文の中に、「客観化・論理化」という語句が頻繁に出てくる。これは、先ほど「論と学」の個所で述べたことに当てはめれば、「授業の理論化」と同義であると考えてよいであろう。この宣言には、まだ教授学という言葉は出てこないが、島小教育11年で積み上げた膨大な実践の事実を理論化したいという強い意志を読み取ることができる。

3　ゆるやかな体系を持った『授業――子どもを変革するもの』

『授業入門』には教材に関する見出しがなく、そのため「島小では教材研究が弱い」という教育学者の批判を、私は教育雑誌で読んだ覚えがある。そのことを斎藤は意識したのかどうか、この3年後（1963年）に出た『授業――子どもを変革するもの』（以下副題省略）では「教材の解釈」という柱が目次に加わり、これに「教師の教材解釈――3つの型」「3つの教材解釈のからみあい」「子どもの解釈を生かす工夫」という小見出しが付けられた。また授業に関する章も、『授業入門』では「授業の創造」だけだったが、『授業』では「授業による子どもの変革」「授業での創造と発見」など5本に増えた。

斎藤は「あとがき」で、「（本書は）授業というものの本質によりせまろうとして書いたものである。したがって、私としてはそうとう骨折ったつもりである」と記しているが、実際、島小11年の実践例を踏まえて柱立てを細かくし、内容を分類し、「授業の理論化・体系化」を意識して書かれていることが、読んでいてよくわかる。ここでもまだ教授学という言葉は出てこないが、本書を私は、「ゆるやかな体系を持った斎藤教授学の書」と評価したい。柱立ては『授業入門』よりふえているが、なおゆるやかなので、「ゆるやかな体系」なのである。

３「斎藤教授学」構築への歩み

１　教授学という言葉の初出――教科研教授学特別分科会

すでに序章で見たとおり、１９６３年の第２回教科研大会で教授学特別分科会が設けられ、世話人の斎藤は「授業展開の科学性と人間性」と題する文書提案をした。この中に、「教授学は……何千何万と出た実践例を分析し、そのなかから原則的なもの、法則的なものを抽出したときはじめてつくり出されるものである。……そういう実践と、そういう科学的な努力をしないで、現在早急に体系を出そうとしたり、体系を出せといったりするのは、現場を混乱させるだけだと私は考えている」という文章がある。

これが、斎藤の著作での「教授学」という言葉の初出である。この分科会で授業の学問＝教授学の体系化を図ってほしいという期待をかけられたのに対して斎藤は、この文書提案で教授学構築の筋道を説き、これはそんなに簡単な話ではないと釘をさしたのであろう。

2　かなりの体系化が図られた『授業の展開』

この文書提案は、翌年に刊行された『授業の展開』の冒頭に収められた。そしてこの本では、これに続けて国語の文学教材に焦点を絞り、授業の展開の「条件」「技術」「組織」という章が加筆され、さらにこれらが、例えば「展開の技術」は「発問・問い返し・説明」「子どもの思考や発言のとり上げ方」等々5つに分類され、さらに例えば「発問〜」は、「最初の発問」「明確な発問」等5つに細分化して説明されている。

つまりこの本では、授業の展開とは何かということとその手法が、系統樹のように体系化されて説かれている。だからこれは、前著『授業』のうち、国語の文学の授業に焦点を絞って体系化が進められた本であると評価することができる。

古いことになるが、『学校運営研究』90年9月号の「教師が読む本461冊」という特集で、柴田義松は、まず読むべき本として斎藤の『授業の展開』を推薦したが、『総合教育技術』の2010年8月号の「日本史上最高の教育者は誰だ?」という特集で、横須賀薫も『授業の展開』を推している。20年の歳月を隔てて、この本が斎藤喜博の代表作であるということで「玄人の目」は一致しているのである。

３　斎藤教授学の書と評価できる『教育学のすすめ』

⑴　教授学をつくる仕事の必要性を説く

『授業の展開』が出た5年後、斎藤が境小学校長を定年退職した１９６９年に『教育学のすすめ』が刊行された。これは、「Ⅰ　学校教育とは何か」「Ⅱ　授業が成立するための基本的な条件」「Ⅲ　民主主義教育とは何か」という3章から成るが、このうちⅢで斎藤は、「教授学をつくりだす仕事の必要性」という小見出しで、授業がどういう基本的な原則で動かされていくかを示すのが教育学の一分野である教授学であり、それは授業展開の一つの道しるべともなるものだから、教師は教授学の知識を持っていなければならないとしている。

しかしそれに続けて、「まだそういう意味での教授学がつくり出されているとはいえない。それは教授学は、すぐれた教師のすぐれた実践をもとにして、しかも気の遠くなるような数多くのすぐれた実践例をもとにして、そのなかから一般的な授業の理論をつくり出していかなければならないからである。そのためには教師は実践例を出し、実践者としての問題提起をし、教育学者なり教育研究者なりが、そのなかにある法則を見いだし、それを分析し分類するという気長な作業をしていかなければならないからである」と述べている。

先の文書提案は、斎藤は実践者の立場で、性急に教授学の体系化を云々されても現場は混乱するだけだと受け身の姿勢で発言しているように読み取れるが、ここでは、定年退職を目前にして、実践者と研究者の役割を明確に規定し、教授学建設に向けて積極的な姿勢をとっていることがわかる。しかし、教授学はまだつくり出されていないという見解は変わっていない。

(2) 授業についての体系的叙述

だが、『教育学のすすめ』は「斎藤教授学の書」として評価してよい本だと私は思う。

この本のⅡは、65年の教科研第4回大会の教授学部会で斎藤が3日間のべ5時間にわたって行った基調提案と、翌66年の第5回大会での「集中のある授業」という提案から成っている。その内容は、子どもの持っている可能性を無限に引き出し拡大してやることこそ教育の仕事であり、その中核となるのが授業であること、また、一つの学級だけでは出せない、できないものをつくり出すという点で学校行事は重要であり、これも授業の一環として考えるべきであることを論じ、このような授業を成立させるための条件は次の9つであるとする。

①緊張関係の存在、②質の高いものをわかりやすく教える、③相手と対応できる力を持つ、④展開のある授業、⑤展開の角度のある授業、⑥「見る力」を持つ、⑦的確な指導方法、⑧最高の内容を最高の形式に盛る、⑨集中のある授業。

そして、以下、この一つ一つの条件を実現させる方法が具体的、分析的に提示されている。このⅡだけで130ページを占めて新書1冊分の分量であり、この章だけでも実践的授業学あるいは教授学の書と評価することができる。

ⅠとⅢは書き下ろしであるが、Ⅰでは、子どもの可能性を引き出し高める教育の中核が行事も含む授業であり、そういう授業をつくり出すのが教師の仕事だということが説かれていて、これはⅡの序説として位置づけられる。またⅢでは、戦後教育の代名詞である民主主義教育の現状が批判され、教授学をつくり出す仕事の必要性、講壇的な教育学者への批判、教師がいまなすべきことなどが論じられていて、Ⅰ、Ⅱを踏まえた学校教育総論であると言ってよい。

従ってこの本では、島小・境小の膨大な実践例に基づいて、学校教育における授業の意義と方法が教師論も含めてかなり体系的に論じられているから、これは「斎藤教授学の書」と評価してよいと私は思う。

４　欲しかった「学」の書名

⑴　安易な「授業学」「教育学」という書名

２０１０年４月に、百マス計算で有名な陰山英男著『若き教師のための授業学』（日本標準）という本が出た。内容は、「勝手な質問、学級崩壊一直線――子どもにつられてしゃべらない」「重要なことは２度言う」など授業の基本や、「学力向上には朝飯から」など生活習慣指導の原則、「情報公開でモンスター退散」など危機管理の方策など37項目にわたって説かれている。

これらは、著者が言うように自らの実績を背負っての言葉なので説得力がある。このことは斎藤の本と同じだが、ただこの本は項目が平面的に羅列されているだけだから、とても「学」ではない。陰山自身は「授業学」という言葉を本の中で一度も使っていないから、これは「学」の名を付けた方がハクが付くという版元の営業政策によるのかもしれないし、また陰山の側にも、大学院担当の業績審査などの関係で「学」という名の付いた著書が必要になったのかもしれない。

しかし陰山の『授業学』を読んでも、誰もこれを「学」だとは思わないだろうが、半世紀近くも前に出た斎藤の『授業入門』から『教育学のすすめ』までの一連の授業論書を「授業学の本だ」と評価すれば、「なるほど、そうだ」とうなずく人が多いであろう。

また、これと同じ年に教科研の委員長（ある大学の教授）の編集で『現実と向き合う教育学』（大月書店）という本が出た。しかしこれも「学」とは名ばかりで、平面的に並べた25の教育問題を25人の教科研会員（大部分が大学教師）が論じている評論集に過ぎない。斎藤が真っ当に教授学に向き合った厳しい姿勢とは、あまりにも対照的である。

「斎藤教授学は残りしか」と詠んだ「藪蔭の土」と題する一連10首の歌の筆頭は「たわいなく貧しきものをもっともらしく学と云ひ理論と云ひしたり顔なる」という痛烈な批判の歌である。斎藤が教科研と袂を分かったのも、わかる気がする。

（2）斎藤の体系的授業論書に欲しかった「学」の書名

斎藤の『教育学のすすめ』は、「教育学」という名のついた本はありふれているから大きな話題にはならなかったが、もしこれが『教授学のすすめ』とか『授業学のすすめ』という書名であったら、希少価値もあって「斎藤喜博＝教授学」「斎藤喜博＝授業学」という評価が定着し、最晩年に「斎藤教授学と云はれしものも残りしか」と詠う必要はなかったのではないかと思われる。

しかしこれは版元が付けた書名で、版元からすれば、一般向けの「学問のすすめ」シリーズの書名としては「教育学」が妥当なところで、「教授学」では特殊に過ぎるということであったのであろう。また、それに先立つ授業論3部作『授業入門』『授業』『授業の展開』も、当時は、授業の研究が「学」だという認識はなかったから、これらに「学」というタイトルを付けることなど版元は考えもしなかったであろう。

だから、振り返って残念がっても詮ないことだが、かなりの体系化が図られたこれらの授業論書に、副題でもよいから「教授学入門」とか「授業学原論」などというタイトルが付いていれば、波多野完治が憤慨するような、教授学建設に賭ける斎藤の仕事が認識されなかったという事態は生まれなかったと思わせられる。いま、陰山の『授業学』という本を手にして、私はつくづくとそう思う。

4　教授学研究の会の時代の状況

1　教授学書ではなく授業論文集

（1）授業論文集である『授業の可能性』『教師の仕事と技術』

斎藤は1973年、62歳の時に教科研を脱退し、「教授学研究の会」を結成した。この会は毎年研究大会を開いたが、この大会では冒頭に斎藤が講演を行うことが恒例になり、それらが後に斎藤の授業論書に収められた。

斎藤の定年退職後の主要な授業論書は『授業の可能性』（76年）と『教師の仕事と技術』（79年）であるが、前書には第1回大会での「教育実践での創造」、第2回大会での「授業の質と授業の可能性」という講演が、また後書には第5回大会の「教師の仕事と技術」という講演が収められている。

現職校長時代の『授業の展開』や『教育学のすすめ』も教科研教授学部会での講演（基調提案）の記録が収められていることは同様であるが、ただこれらの授業論書は、長時間にわたる講演記録が本の中心を成していて、その前後に書き下ろしで補足的なことが加えられているから、全体としてこれが教授学の書物であるかどうか吟味することができた。ところが教授学研究の会の時代の著書は、大会での講演記録の他に公開研究会が開かれた学校での講演記録やその他いろいろな場所で発表された論文などが並んでいる論文集である。だからこれは、１つ１つの論文が教授学の論文であるかどうか評価することはできるが、本全体が体系化された教授学書と見ることはできない。

（2）小説家と学問研究者の違い

このように、『授業の可能性』や『教師の仕事と技術』は授業論文集であるが、しかしそれらはみなすぐれた論文で、これはいわば八ヶ岳のように高い峰がいくつも連なっているのに似ている。

２０１０年4月、作家の井上ひさしが亡くなったが、朝日新聞論説委員の山口宏子は、「作品群を改めてみると、質と量の迫力に圧倒される。……一作一作が高い峰。それがどこまでも続く。雄大な山脈のようだ。だから、代表作は――と考えると、はたと迷う。「井上山脈」の大きさだ」という追悼記を載せた（4月11日付）。

この評は斎藤の著作にもそのまま当てはまる。ただ小説家の場合は、その多数の作品が「井上山脈」とか「井上文学」とか総称されて評価されるが、授業の研究者の場合は、数多くの授業論文の集まり＝授業論叢は、「斎藤山脈」と総称することはできても「斎藤教授学」と呼ぶわけにはいかない。論叢が一つの体系にまとめ上げられた時、初めて「学」として評価されるのである。

2　高い壁への挑戦の回避？

(1) 体系化の志から離れた授業論の講演

斎藤の『授業』は、八ヶ岳連峰から富士山という高い単独峰へ地殻変動する途中の「ゆるやかな体系」を持った教授学の書であり、『授業の展開』は一つの登山道を整備した書であり、『教育学のすすめ』は富士の山容がかなり形成された書である。そして定年退職後の教授学研究の会の時代には、これからさらに歩を進め、雄大な富士の山の形成が期待されたのである。しかし、残念ながらその期待はかなえられなかった。

「無数の実践の事実から共通性を抽出して授業の理論を構築し、体系化する」という仕事は言うは易く行うは難いことである。すでに第8回公開研究会の「宣言」でその困難さが述べられているが、斎藤は教授学構築の高い志を持ち、苦心して右の3つの授業論書を書き上げた。

ここから先に進むには、高い壁に挑まねばならない。しかし定年退職し、たびたび病の床に臥すようになった斎藤には、もうそれだけの気力・体力はなかったのではないか。そのため、教授学研究の会の毎年の大会冒頭の講演では、「体系化」という志からは離れたその時々の思いに浮かぶ授業論を講じることになったのではないだろうか。

(2) 斎藤の遺稿は何を目指していたか

ところが、斎藤没後の84年に刊行された『第二期斎藤喜博全集』第2巻の目次に「授業原論序章」とあるのを見て私は、これは斎藤が自身の仕事の集大成に入った論文だろうと思い、大いに期待して読んだ。

ところがこれは、「一　授業の意味と本質　（一）教育とは何か」という見出しで15枚ほど書かれたところで終わっていて、編集に当たった松本陽一の解題には、これは斎藤の没後に書斎から発見された未完成原稿で、「完成すれば、『授業入門』―『授業』―『授業の展開』―『教育学のすすめ』という一連の体系的な授業論をいっそう深めたものになったであろう」と記されている。そうすると、斎藤は斎藤教授学の構築という志を持ち続けて、これはその最後の仕事として書き始めたものであるのかも知れない。その仕事が緒に就いたばかりのところで斎藤が病に斃れたのは、本当に残念なことであったと言わなければならない。

また私が思ったのは、なぜこれは「教授学原論」ではなく「授業原論」なのかということであった。教授学をつくる必要性を説きながら、斎藤が本当に心をひかれていた学問は、「授業」という名の付くものだったのではないかと私は思ったのである。

3　斎藤教授学構築への期待

(1)　若い大学院生への期待

以上、斎藤教授学の構築を目指した斎藤の軌跡を辿ってみた。結論として、現職校長時代に『授業』『授業の展開』『教育学のすすめ』など、かなりの体系化が図られた授業論書が公刊された。ここまではまだ道半ばという感じで、定年退職後の教授学研究の会の時代に、さらに仕事が進められることが期待されたが、これより先に進む道は険しく、結局斎藤は体系化の仕事を迂回して、その時々に発想した授業論を論述するという方向に進んでしまった。

いま、そういう授業論書が残されているのであるが、これらを読み込んで内容を整理分類し、体系化を図れば、これを「斎藤教授学」と名付けることができるのではないかと思われる。言うは易く行うは難い仕事で、私のようなロートルはとても太刀打ちできないが、若い大学院生の中に修士論文や博士論文の仕事として挑戦してみようと思う人が現れることを期待したい。

(2) キャッチフレーズ的な斎藤教授学観への疑問

もっとも斎藤喜博の研究者の中には、すでに斎藤教授学とは何かということを、キャッチフレーズ的に定義している人が何人もいる。次にその中から、いくつかを引用してみよう。出典は省略する。

「斎藤教授学の特質は、端的にいって、「はじめに子どもあり」「事実をまずつくる」ということにあると思う。」

「子どもから引き出すというのが、斎藤教授学の大原則である。」

「検証精神の強さ……斎藤教授学は、まさにこの点にこそ、最大の特色と大きさがあると言えるかもしれない。」

「（斎藤は）授業について積み上げてきた実践知を体系化し、斎藤教授学と呼ばれる教育についての考え方を作り上げた。」

「われわれは……斎藤喜博教授学の基底に孤独のフィロソフィーの存在を知る。」

「斎藤喜博教授学は人間学に立つ教授学である。」

「私は斎藤教授学を、〈終われない〉性を特徴とする対話論だとしてきた。」


常識的に考えると、これらの論者はすでに斎藤教授学の体系を把握していて、それをこのように一言で要約しているのだろうと思われる。しかしどなたも、把握している「学」の体系を示さずにこのようなキャッチフレーズ的な定義だけを言っているので、ひょっとしたら、これは「学」の体系を把握した上でのことではなく、「斎藤山脈」を遠望しての「印象批評」ではないかという失礼な憶測さえしてしまうのである。これでは、学問の世界で「斎藤教授学」のレーゾンデートルを主張することはできない。前項で述べたように斎藤の授業論書を丹念に分析し、その上で斎藤教授学とは何かという結論を出すことが必要なのである。

【余滴4】 斎藤喜博と高田典衛

実践的体育授業研究者・高田典衛

斎藤喜博は教育全般の分野で卓越した実践者・研究者であったが、体育の分野で斎藤と同じ位置づけをすることができるのが、多年にわたって東京教育大学（後に筑波大学）附属小学校に勤めた高田典衛（1915～93）であった。2人は4歳違いの同時代人であるが、出会うことはなかった。しかし、両者には共通点が多い。

高田は自身の実践や数多くの授業参観の記録と、そこから導き出した体育授業の原理・原則を『子どものための体育』（1963年、明治図書）、『子どものための体育科教育法』（67年、大修館書店）などの著書にまとめた。「子どものため」というのが高田体育のキーワードであった。これらの著書は、斎藤の『授業入門』（58年）と同様よく売れたので、その後も高田の著書は次々に出版され、最終的には21冊に達した。また、現場教師の実践記録の編著も50冊を越えている。

高田は自己の体育授業研究の結果として、次の4つを「子どものための体育授業」の姿として提示したが、これは今日でも「高田四原則」の名でよく知られている。

①精一杯運動させてくれた授業／②ワザや力を伸ばしてくれた授業／③何かを新しく発見させてくれた授業／④友人と仲よく学習させてくれた授業

研究業績の審査で苦汁を味わう

高田は副校長を務めた後、53歳で文部省体育官に転じ、60歳で筑波大学教授になった。しかしこの教授人事は筑波大学で業績審査が行われ、高田の言によれば「私の書くものは個人的な随想だとか、実践メモだとか、見聞記だとか、という評言はもうしょっちゅう受ける」（『体育授業の方法』杏林新書）とのことで、研究論文とは認められないという意見が出て難航したという。大学は学問の府だから、教員は学問の先端を切り拓く力量を持つことが必要だが、力量の証が研究論文である。また学生には卒論・修論・博士論文などを書かせるのだから、研究論文を書いたことのない人が学生指導に当たる資格はないという論理である。

結局、高田が勤務するのは一般体育担当の体育センターで、学生の論文指導には関わらないということで教授就任が認められたが、高田は「年をとってから研究者として厳しい風に吹き晒されることは、私にとっては決して快適な環境であったとは言えない」（『よい体育授業の構図』大修館書店）と述懐し、これ以後の氏の著作には、研究書の体裁を持たせようと、授業の法則、体系化というような学術用語が出てくるようになった。しかしそれによって、高田の実践記録的・物語的な文章の持ち味は薄れてしまったと私は思う。

斎藤喜博の場合

斎藤も、「大学教授に」という人事があった頃、私は氏が「リヤカーで運ぶほどの著書」と自嘲的につぶやくのを聞いたことがあった。きっと大学の教授会で、「著書はリヤカーで運ぶほどあるが、研究論文とは認められない」という意見が出て、斎藤はそれを耳にしたのだろうと私は思い、「斎藤先生でさえも……」と憮然たる思いに捉われたものであった。

ものごとの因果関係を明快に記述する科学論文のスタイルだけが研究論文だと考える人たちには、読み物的な文章の中に授業の原理・原則や法則が記述される斎藤の授業論書は、高田の著書と同様、随筆・随想と映じたのであろう。古典的な研究論文観だと言わねばならない。

変わる大学

ひるがえって、今はどうであろうか。卒業論文どころか修士論文さえ書かなくてよいという大学が珍しくなくなった。そうなると、教員も研究論文を書いたことのない人で構わないことになる。実際私立大学では、研究論文がなくても大学の広告塔になる人なら、教授として迎えられることが稀ではなくなった。

しかし2012年度からは、学校教育法施行規則が改正されてすべての大学で情報公開が義務化され、その中には「教員の学位・業績」も含まれるから、教員への極端な研究論文不問には歯止めがかかることになった。また国立の教職大学院大学などでは、教員資格として現場経験を持つことが重視され、それに伴って実践記録的な業績も研究論文に準ずるものとして評価する傾向になっている。こうなると、特に教職大学院大学では、斎藤喜博でも高田典衛でも、かつての非礼な扱いは昔の話で、今では看板教授として「三顧の礼」をもって迎えたいという大学が門前市をなすことであろう。

第5章　短歌

1　斎藤短歌の変貌

1　高く評価される戦後民主主義時代の斎藤の社会詠

（1）斎藤の初めての社会詠を評価する岡井隆

1945（昭和20）年の敗戦を境に、わが国は軍国主義から民主主義の時代へと大転換した。これは、それまで「アカだ」とされてきた斎藤にとっては画期的なことで、もっぱら抒情的な歌を詠んできた彼は初めて社会に目を向け、「新しく起る思想をたのみまつ夜々がありて幾らか楽し」と詠った（『羊歯』）。

岡井隆はこの歌に注目し、「初期戦後の知識人の思想の振幅」として、この歌と吉田正俊の「いちはやく新しきに向ふ一群に立ちまじりつつまどふしばしば」という歌を対比させている（『戦後アララギ』70年、短歌新聞社、121頁）。吉田は斎藤より10歳近く年長で石川島造船自動車部（現いすゞ自動車）の幹部候補生だったから、こういう激動の時流にとまどいを感じていて斎藤とは対照的な立場にいたのである。

（2）その他の社会詠

斎藤と同郷で、近藤、岡井らと『未来』の同人であった後藤直二も、斎藤の「上には諂い下には強き民故に統治しやすかりしと報告にあり」（『証』）という歌に注目している（後藤『茂吉・文明・芳美』84年、短歌新聞社、236頁）。日本を占領した連合国軍の最高司令官マッカーサーは、日本人に絶大な人気があったが、これは彼がトルーマン大統領に解任されてアメリカに帰った時の報告だという。マッカーサーは日本人を冷徹に見ているが、斎藤の歌はリアリズムの秀作だと後藤は評価したのであろう。

この他、『証』には「新しき世の動かんとする気配少したのみて菫を集む」「己を持たぬ民衆をあはれとも残念とも思ふこと多くあり」など、社会詠が約10首ある。

2　増えた闘争的な歌

（1）社会詠から闘争歌へ

しかしこのような社会詠は、その後間もなく、斎藤が県教祖文化部長になってからはほとんど詠われなくなり、代わって組合活動の中での攻撃的、闘争的な歌が急増した。組合の中枢に入って見聞した不合理、退廃、事なかれ主義というような組合内部の実態に対する怒りや鬱屈を歌に詠むことが多くなったのである。

その後島小学校長になってからは、校長会や村の顔役との付き合いなど対外的な折衝が多く、そこで斎藤の歌には、氏の教育実践を妨害する輩に対する闘争的な歌がますます増えていった。これらの闘争歌は第2歌集『証』、第3歌集『職場』を通じて非常に多いが、ここではその中から数首を掲出しておこう（52年までが『証』、53年以後が『職場』）。

校長を君と言ひ職員を臣と言ひゐし此馬鹿野郎今天皇制を罵倒する（48年）

批判されしことを憎みて町のボスと奴隷教師が集りてゐる（51年）

採決して責任を持てと言へばたじたじとなり保留にして研究しませうといふ（52年）

遅れたる人はいじけて敵となるありありと見る今日も一人を（54年）

（2）上野省策の苦言も影響したか？

県教組文化部長になって超多忙だった頃、斎藤は上野省策から「斎藤君の歌は斎藤君の生活がちっとも出ていない。歌ではすべて皆逃げている。古くさい短歌の伝統にたよりすぎている。斎藤君はもっと近代人であり西洋的である。それをそのまま出さなくてはいけない」と言われたと書き、続けて「（この）評言はまことに痛いことである。しかし今の僕にはそれをおいそれとどうすることもできない。それほど僕は非力であり勉強不足なのである」と弁明している（『ケノクニ』50年1月号「屋根裏独語」。『全集』15―1「表現と人生」に再録）。

これは当時共産党員だった社会派の上野が、この激動の時代の中での斎藤の抒情歌を批判した言葉だと解釈することができる。後年、他からの批判には猛然と反論した斎藤だが、この時は上野の苦言に実に素直にうなずいている。上野のこの批判も、斎藤の歌が抒情歌から社会詠へ、そして荒々しい闘争歌へと変貌していった一因になったのではないかと考えられる。

3　斎藤の闘争歌に対する評価

（1）斎藤短歌の変貌を高く評価する杉浦明平

斎藤短歌の変貌を、当時最も高く評価したのは杉浦明平である。杉浦は、『アララギ』の1952年2月号に発表した「斎藤喜博」という評論で、教師は上にへつらう偽善者だから嫌いだが、斎藤喜博はそうではない本当の教師だと認め、彼の短歌は短歌的せまい限界を破って新しい世界をひらく突破口をつくったと評価した。そしてこの翌年に出た『証』の宣伝文でも彼は、「斎藤は日本の教師としての良心の証を立てると同時に怒りと憎しみと罵りとを三十一文字にこめて、短歌形式が斗う文学たりうるあかしをも立てた」と書いた。この2つの文章は、後に杉浦の『作家論』（55年、ペリカン書房）に収められた。

さらに杉浦は、この10年後の62年に、「斎藤喜博の歌」と題して『斎藤喜博著作集』第6巻解説に書いた評論文で、次のように斎藤の歌を評価した。これは、後に『明平、歌と人に逢う』（89年、筑摩書房、35頁）に再録されたものである。かなり長い文章だが引用する。

「（49年に）赤追放の嵐が吹き荒れだすと、斎藤の態度は一変する。かれは、断然、反撃に出はじめたのである。……斎藤喜博の歌が、その真骨頂を私たちの前にあらわすのはこの時からである。……50年から今日に至るまで、喜博の歌はこの線上を走っているから、もはや解説を要すまい。「鼻欠猿」（51年）、「証」（52年）等の一群の作品を読むといい。そこで、私たちは斎藤喜博が、短歌という、いとも古い詩型を闘いの武器にきたえ直したのを見ておどろく。

闘はぬ文学を否定する一人にて古き短歌によりて試む
闘うために短歌も武器とせむ文学になるかならぬか今はかまはず

のように、闘争宣言そのものが、闘争するための武器としての短歌になっているのである。

これは短歌における変革を含んでいる。抒情を思い切り現実にぶつけて、今までの短歌をぶちこわすことをおそれない。そのこわれた後になにが生まれるのか。新しい短歌が生まれるのである。斎藤喜博がやってのけたのはそのこと以外ではない。そして結果としては、文学であるかどうかかまわず敵にたたきつける武器としてつくった短歌は、どんなモダンな粉飾をこらした歌よりも新しくあり、かつ、どんな風流心と技巧に富んだ既成歌人の歌よりも、より本質的に現代の歌となってあらわれたといっていい。」

大変な賛辞である。杉浦は、『斎藤茂吉』（54年、要選書）という茂吉の戦争協力を痛烈に批判する著書を出していて、闘争的な斎藤喜博の資質と共鳴する部分が多かったのであろう。「ケノクニ」で斎藤に師事した監物昌美は、「杉浦のこの文章が喜博を勇気づけ、その後の喜博に与えた影響は大きい」（『歌人斎藤喜博考』36頁）と見ている。

（2）「社会主義リアリズムまで推し進めた」と評価する斎藤正二

これよりずっと後、66年に、『短歌』の編集長を務めた斎藤正二が、『戦後の短歌』（社会思想社）という著書で、戦後の世相の変遷を綴りながら、その時代時代の代表的な短歌を掲出しているが、その中に斎藤の社会詠と闘争歌がミックスしたような歌を19首も載せている。

まず「対日講和条約発効の前後」（52年）の個所で「平和と生産のための教育とわが云へば批判もせず方針にしませうといふ」など12首（『証』から）。次に「日教組、勤務評定に反対」（57年）の所で「つひに一人の組合員校長とわれはなるじりじりとくる圧力のなか」（『職場』）など5首。続いて『短歌』1957年7月号の「戦後中堅代表作品集」の中から「進歩勢力のび来しことをわが影響と思ひ込み町のボスが憎みゐるとぞ」（『職場』以後）など2首。

そして著者は、斎藤喜博は「アララギ」の写生論を社会主義リアリズムまで推し進めたと高く評価している。斎藤喜博より2回り若い斎藤正二は、抒情を詠うアララギ派の中で「脱抒情」の歌を詠い、異端の歌人（岡井隆による）と言われた人だという。そういう歌人であるからこそ、斎藤喜博の社会的闘争歌に共鳴したのであろう。

（3）「リアリズムの実践者」と評価する水野昌雄

これよりまたはるか後の2009年に、水野昌雄著『続・戦後短歌史抄』（本の泉社）という新書版の歌論書が出た。水野は1930年生まれの歌壇長老で、「幾万年地下にありしを汲み上げて消費して来しこの一世紀」という歌が2011年6月5日付け朝日新聞「天声人語」で福島第1原発の事故に関連して引用された社会派歌人である。

こういう社会派の歌は、抒情を詠うことを本流とする短歌史の本では取り上げられることが少ないが、そういうマイナー扱いされている社会派の歌集を、古書店の店頭に積まれたゾッキ本や図書館の廃棄本の中などから発掘して紹介し批評したのが、この本である。

ここでは、斎藤の歌集『証』から「馘首されることを平気でいる妻がミシン買ひ人形つくり地下足袋を売りに行く」など10首と、『職場』から「校長の飲み会に出ないのが又憎まれる種となり悪口が伝はりくる」など11首が引用され批評されている。斎藤の歌集がマイナー視されているのは残念なことだが、しかし水野のこの本では、合同歌集からは1人1首、個人の歌集からも1人1冊10首程度の引用であるのに、斎藤の歌集だけは2冊20首余りも紹介されていて、斎藤短歌に対する水野の評価の高さがわかる。

『職場』の批評では、「斎藤喜博は群馬県の小学校校長として民主教育の実践に力を注いだ人である。教育関係の著作集もかなりのものになってまとめられている。しかし、歌人として土屋文明門下の中では注目される存在だ。中島栄一と同じく、文明門下なればこそ育ったリアリズムの実践者である。自分の生き方と現実との格闘がほとばしる火花となり、哀歓も力強く歌われている」と書かれている。

そして、「「そのようなことによってこのような成果をあげたのであると思ふのでございます」ああ何といふいやなきざな表現」という斎藤の歌を引いて、「(この歌の) 字余りは類のないものだが、ぐいぐいと迫る力で読ませるものとなっている」と評価し、「こういう作品が生まれた時代、こういう校長が生きた時代をいろいろと考えさせられる」と書かれている。

また『証』では、杉浦明平の「斎藤喜博の最近の作品は短歌の世界におどろくべき現象といっていい」という熱烈な推薦文を引用して「短歌の生命力。人間の志高く生きることを訴える評言といえよう」と評価し、「『証』を通して考えさせられること多いのは現在の病める時代故でもあろう」と結んでいる。

4　近藤芳美らに対する批判

(1)　斎藤の近藤短歌批判

このように自らの歌調を闘争歌に変貌させた斎藤は、同世代でアララギの俊秀である近藤芳美の歌に批判の矢を向けた。

近藤の歌人としての名を一挙に高めたのは、1948年35歳の時に出した『埃吹く街』(草木社)であった。これは、「いつの間に夜の省線にはられたる軍のガリ版を青年が剝ぐ」「世をあげし思想の中にまもり来て今こそ戦争を憎む心よ」など、戦災で廃墟と化した東京の街と人を瑞々しい感性で歌い上げた歌集であった。彼はその後も、49年から54年までの間に、歌集『静かなる意志』『歴史』『冬の銀河』、歌論書『新しき短歌の規定』『現代短歌』を立て続けに出版し、目覚しい創作活動を展開していた。

ところが斎藤は、『ケノクニ』の54年3月号に「近藤芳美の後退」と題して、「『埃吹く街』で社会を歌った近藤が、今日ひたすら個人を歌い自然を歌い、歌論は自己弁護に終始していて、時代の勢いに追随していく人間の弱さを見る」と批判し、「近藤もそろそろ茶人の着物でも着て、宗匠の仲間入りでもしたほうがよいのかも知れない」とまで言っている。もっとも、アララギの歌会ではこの程度の批判は当たり前のことであったらしい。

斎藤は、この批判を『アララギ』に投稿したが、近藤が反論を書かないと言うので掲載保留になり、そのため『ケノクニ』に載せたということが同誌に付記として書かれ、またアララギ編集人の五味保義に対する抗議文が同誌10月号に載っている。この斎藤の近藤批判は、先に上野から斎藤に向けられた批判と同じではないかと思われる。「上野→斎藤」が「斎藤→近藤」に置き換わったのである。

翌55年、近藤は朝日新聞の「朝日歌壇」の選者になったが、「短歌は民衆の抒情詩である」というのが共選者（近藤、宮柊二、五島美代子）のメッセージであった。近藤の歌は、「社会」を意識しながら、それを斎藤のように直截に歌わず、「抒情」のフィルターを通して歌ったので「社会」が後退したように見えたのではないかと私には思われる。

（2）中島栄一に対する批判

批判の矢は近藤だけでなく、まだ会ったことはないが斎藤がその歌風を敬愛していた中島栄一（斎藤より2歳年長）にも向けられた。大阪の呉服商の後継ぎだった中島には、「津山衆楽園」と題する「もやもやとして国とほく来し見合いに父が形見の角帯しめぬ」「ふかぶかとながき睫を伏せにけりかかる美人が吾が妻となる」というような叙情的な相聞歌があり、斎藤は「栄一さんは今何をしてゐるならむ角帯の姿のみわれは想像す」（『証』）というような歌を詠んだこともあった。また歌集『羊歯』を自らが設立した草木社から出版した時は、中島にこれとセットで『葉わらび』という歌集を出さないかと話を持ちかけたりもした。これは中島の希望で『指紋』という名で出版されたが、経費も宣伝も斎藤が負担するという入れ込みようであった（中島「こんな話」『ケノクニ』82年6月号）。

ところが、自身の歌風を抒情歌から闘争歌に変貌させてからは、斎藤は、「僕は、今の中島栄一には人間として古い人間であるというズレを感じている。僕は今後中島に、抒情や哀愁をなくして、明晰な輪郭を持ち、はっきりした意志や力を感じさせるような世界をつくり出してもらいたいと思う」（『関西アララギ』52年12月号）と注文し、歌風の転換を迫った。しかし近藤と同様、中島もこの要求に応えることはなかった。

(3)　続いて斎藤茂吉批判

続いてこの翌年には、斎藤茂吉批判が発せられた。1941年以来、『アララギ』は「アララギ短歌合評」を長期連載していたが、その28回目（53年12月号）で斎藤は、茂吉の『赤光』の中の「折に触れて」と題した「すりおろすわさびおろしゆしみいでて垂る青みづの悲しかりけり」など5首（明治45年作）を「子規の歌は明晰な写生であった。……さういふものから見ると、この5首は自分の心の世界に入っている主観を表白するといふ所があるから、今見るとずっと古く見える。子規などより生活感情そのものが古いからなのであらう。……今の僕らはかういふ言葉づかひはやめて、芸術的な言葉でないものを使ったものが最後に残るといふことを学ぶべきだらう」と批評した。

意気軒昂、大茂吉に対する思い切った批判だが、これに対して茂吉の高弟・柴生田稔が同号で、「斎藤氏の主張は……茂吉の作品にもそれから茂吉についての研究にもすべて不勉強で、ただあやふやな受売り的結論をあてはめて、利いた風な説教をするとしか思へない」と激しく反発した。これに対して斎藤は、すぐさま20枚の反駁文を書いて編集部に送ったが、編集人の五味保義が「長すぎる」として短縮を求めてきた。これに対し斎藤は、柴生田には思うざま書かせているのに不公平であり、「私はさういふアララギの封建的なやり方がきらひだ」という抗議文を送り、再投稿を拒否したという（『アララギ』54年8月号、10月号）。

5 闘争歌の文学性を巡る問題

(1) 杉浦明平の批判

前述のとおり、杉浦明平は『斎藤喜博著作集』の解説で斎藤の闘争的な歌を非常に高く評価したが、ただその末尾で、斎藤が次から次へと詠み流して推敲もほとんど行っていないらしいことを戒め、「もっと文学的にきたえれば、もっとするどい闘いの武器となりえたのではないかという口惜しさも残らないではない」と書いている。

（2）大島史洋の斎藤批判と評価

これよりはるか後、斎藤が亡くなって20年以上経った2004年、大島史洋（1944〜）が杉浦と同様の批判を行った（「何が恐ろしいのか」『北冬』第1号）。

大島はこの論評で斎藤の『表現と人生』を取り上げ、この本で斎藤は「私は芸術表現というのは、自覚した人間の「生き方の表現」だと思う」と書いているが、「私はこの意見は実にまっとうで正しいのではないかと、何度読んでも思う」と賛意を表している。

ところがこの後、斎藤の文章は「短歌を「闘う武器」「説得啓蒙のための武器」……と考えている僕は……自己の作品に芸術的価値がなくても仕方がないと思っている」と続くが、これを読んで大島はがっかりしてしまったのであろう、「どうしてここまで言ってしまうのか。今となっては、これは言い訳のようにも聞こえる。武器としての詩歌（思想の表明としての詩歌）が同時に高い芸術的価値をもつことがある可能性について、どうして考えを深めていかないのか。「説得啓蒙」とは感動の結果として生み出されるものであり、これは芸術的価値である。こうした意味での芸術的価値について、いつ頃からか思考がストップしてしまっているように私には思える」と批判する。

（3）文学性を放棄した斎藤の闘争歌

大島の批判は全く正論である。斎藤自身も、一教諭として抒情歌を詠んでいた頃は、歌作りは教育の仕事とは独立の文学活動であり、推敲して歌を作ったのであろう。しかし後年、組合や教育の管理職として詠むようになった歌は、斎藤の仕事を妨害する輩に対する「闘う武器」になり、超多忙で推敲をする暇もなしに、「文学になるかならぬかは今はかまはず」と開き直って闘争歌を連発することになったのである。だから杉浦から「もっと推敲を」と言われ、大島から「歌は芸術表現だという若い頃の主張と矛盾する」という意味の批判を浴びせられても、「お説ごもっとも」とうなずきながら、しかし「仕方がない」と言うしかなかったであろう。

(4) 大島の斎藤評価

ただし、大島は斎藤を否定しているのではない。前掲の大島論文は、「「読みしろ」のあった短歌論・歌人論」という連載の2回目で、1回目は土屋文明の『新作歌入門』であり、3回目以後は、土屋に師事した近藤芳美と岡井隆、さらに島木赤彦、佐藤佐太郎などアララギの中心的歌人8人が取り上げられている。その中で、大御所・土屋のすぐ後に斎藤喜博を取り上げたところに、斎藤に対する大島の注目度の高さを知ることができる。

だからこそ、期待が裏切られるような発言に出会うと、「なぜそんなことを言うのか」と残念がって批判の言葉が出るのであろう。大島は、論稿の結びに「斎藤は、『人をたたきのめすはわが得意中の得意にて孤独なるよりなほあはれなり』(『証』)とうたっているが……斎藤は、人をたたきのめしてばかりいる自分をあわれと感ずる自省の心を抱きながら、終生、土屋文明を師として短歌を作り続けたのであった」と書いている。

6　歌は教育の仕事をバックアップするもの

(1) 闘争歌の激減と職員を思いやる歌の増加

斎藤の闘争歌は、島小3年目の1954年まで非常に多かった。ところが、第1回島小公開研究会が開かれた55年からは闘争歌は激減し、「われにたより何仕合せがくるならむ素直なる君等を思ふ時はさびしき」「わが職場いつまで守れるかわからねばすがる思ひに時移る待つ」(55年)など職員や職場を思いやる歌が増えた。島小教育が本格的に始まり、斎藤の関心が職場の実践に集中するようになったのであろう。

(2) 見られない社会詠

この頃になると、斎藤の歌作からは社会詠はもう見ることができなくなっていた。日本中が大騒動になった60年安保の反対闘争では、国会を包囲するデモで圧死した東大生の樺美智子を悼む歌を、土屋文明も近藤芳美も詠んだ。

一ついのち億のいのちに代るとも涙はながる我も親なれば　　土屋文明(『青南集』67年)

犠牲死の一人の少女を伝え伝え腕くみ涙ぐみ夜半に湧く歌　　近藤芳美(『喚声』60年)

他にも岡井、馬場あき子、篠弘、田井安曇など、この事件を悼む歌を詠んだ歌人は多い。これに先立って土屋には「旗を立て愚かに道に伏すといふ若くあらば我も行かかむ」(『青南集』)という歌もある。

ところが斎藤には、安保闘争を詠った歌はない。かつて斎藤は近藤芳美の歌には社会性がないと痛烈に批判したのだから、近藤からすれば、この批判をそのまま斎藤に突き返したい思いではなかったであろうか。結局斎藤にあっては、戦後の一時期、社会の前途に希望を託す歌が詠われたことがあったが、その後闘争歌が詠まれるようになってからは、どんな社会的大事件でも自身の教育の仕事と直接の関係がなければ歌の題材とされることはなかった。そういう意味では、斎藤の歌は氏の教育の仕事を「支援」するものであって、斎藤は社会派の歌人ではなかったということになるであろう。

2　斎藤喜博への土屋文明の言葉
——背景にある土屋の女学校長体験——

1　斎藤への土屋の言葉

斎藤の島小学校長人事が持ち上がった時、土屋文明は賛成しなかった。しかし斎藤に就任の意志が固いのを見て、「君、追い出されるまでいる覚悟があるか。追い出されるまでいるのが実践者なのだ」と言ったと斎藤は書いている（『可能性に生きる』264頁）。これは若い日の土屋が、女学校長を2年で「追い出された」苦い体験をふまえての斎藤への助言であった。本節では、このことについて書いてみることにしたい。

また土屋は、斎藤の遺歌集『草と木と人間と』に寄せて、「斎藤君が教師として有名になった頃の歌には、何かこだわりが出てゐて私は余り賛成ではなかった」と書いている。この「こだわり」という言葉の意味についていくつかの解釈がなされているが、このことについても考えてみたい。

2「追い出されるまで居るのが実践者」

（1）土屋が松本高女校長になるまで

土屋は東京帝大を卒業後、職探しの末、1918年、アララギの先輩格である島木赤彦の推薦で諏訪高等女学校に奉職した。長野県諏訪郡視学だった赤彦は、急逝した『アララギ』の編集人・伊藤左千夫の跡を継ぐため職を投げ打って上京していたが、依然として信州の教育界に大きな力を持ち、特に出身地の諏訪には支持者が多かったので、土屋はいきなり教頭で迎えられ、2年後には弱冠30歳で校長になった。そしてさらにその2年後には、一つ格上の松本高等女学校長に抜てきされた。

(2) 土屋校長の学校改革

土屋は松本高女に着任早々、次々に学校改革を断行していった。その内容は、次の2つの資料からわかる。

①土屋「信濃の六年」『羊歯の芽』(84年、筑摩書房)

②松本蟻ヶ崎高校新聞委員会『ラジカル』8(特集・第3代校長土屋文明と蟻ヶ崎)91年

②は、土屋校長時代の教師や教え子の座談会。皆もう80、90代である。私がなぜこんなローカルな資料を知っているかというと、実は私は松本の出身で、母が土屋校長時代の松本高女の生徒であり、妻も同校の後身である松本蟻ヶ崎高校の卒業生だからである。

閑話休題。就任初の職員会議で土屋は、「今までの惰性は全部払い捨てる」と宣言し、温々としていた職員室の空気を一新させた。そして、裁縫に回されていた数学の時間を元に戻し、正課になっていた茶の湯・生け花を課外の自由選択にしてしまった。女性は学校を出ると本を読む時間もなくなってしまう。学校にいる時こそ、お茶は後にして本を読ませ、教養を高めてやりたいという方針であった。

(3) 土屋に対する反発と排斥運動

しかし、これには激しい反発が起こった。女学校を花嫁学校と考える人たちにとっては、お茶や生け花が課外に回され、あげくの果てに選択者が減って自然消滅してしまうなどというのは許し難いことであった。同窓会のOGは校長批判のビラを校門前で配り、この騒ぎを新聞が伝え、さらに土屋のいろいろな言動をゴシップとして書き立て、騒ぎは校長排斥運動に発展した。資料②の座談会で、当時の生徒の一人は、土屋校長は「新聞記者に追われ放しのようだった。先生が新聞記者を怒鳴り上げる姿も見られた」と語っている。

また信州では教員の人事権は校長が握っていたが、土屋は欠員の補充には免許状がなくても力があると認められる若い人を採用した。「しかしこれは、土着の老教師達の、首の不安を呼ぶことになって、それが私の上にはねかえるとは気づかなかった。いや、その程度のことを気にしては、何も出来ないと気負っていた。」（資料①）

（4）転任を蹴って辞職

こうして騒ぎは大きくなり、また地元の政治家に運動した老教師もいたらしく、土屋校長は在任2年でいきなり山の中の木曾中学校へ転任という辞令が出た。「兎に角自分の或る力を致して居た仕事が、実質的には暴力に等しい方法で目の前に崩されるのかと思ふと憤ろしくもあった。」（歌集『ふゆくさ』巻末雑記、25年、古今書院）

土屋は悩んだ末に、辞令を返上して辞職することに決め、「生徒等に告別の場でも、2、3の教師を罵倒したりし」て松本を去った。家族は群馬の夫人の実家に寄留させ、自身は職探しのため単身での上京であったが、この「事件」が結果的に土屋を歌の道に復帰させることになった。

（5）土屋が斎藤に贈った言葉とその背景

斎藤が島小学校長になる前の52年正月、朝日新聞群馬版の「故里に結ぶ年賀往復」という企画に土屋と斎藤が登場し、土屋は「ぼくも君ら教育者の仕事の効果については多少知っているように思う。君らがいかに骨折って教えてもそれを受け入れる社会……の無理解がすぐに台なしにしてしまうこともよく知っている」と書いた。「松本高女事件」を知れば、土屋のこの言葉は、氏自らの苦々しい体験を踏まえたものであることがわかる。また土屋が斎藤の校長就任に賛成しなかったことや、斎藤に贈った「追い出されるまでいるのが実践者」という言葉の意味も理解できる。

(6) 斎藤の校長生活も追い出される寸前

斎藤の校長生活も、『学校づくりの記』『島小物語』『可能性に生きる』などの自伝的著作を読むと、追い出される寸前の連続だったことがわかる。斎藤と師範学校の同級生で、群馬県教育行政の要職にいた佐野金作が、『ケノクニ』の斎藤喜博追悼号に書いた「級友斎藤喜博君を憶う」という文章を読むと、この人が、斎藤が巻き起こす数々の問題の処理に苦労させられていたことがわかる。

島小学校長の4年目に斎藤は、「追出されるまでゐるのが実践者の覚悟といふことも君に学び来りぬ」と詠んでいるが、故郷で教師生活を続けたから佐野のような旧友に助けられたわけで、もし土屋のように見ず知らずの土地で校長として学校改革に突き進んだら、きっと「追い出され」たのではないかと思われる。

3「こだわり」の解釈

(1) 仕事と歌作を区別した土屋

土屋は、松本高女に赴任する時には任務の重さを考え、「短歌の方のことは、後まわしにするつもりであった」という(資料①)。そして実際、その頃までの歌を集めた『ふゆくさ』を見ると、松本時代には、松本を去る時に短冊への揮毫を頼まれて5首を詠むまで1首も詠んでいない。土屋は歌作りを文学と考え、教育の仕事と区別していたのである。

またそれだけでなく、仕事を歌に詠むこともなかった。引越荷造りの最中、依頼されていた短冊にあわただしく書いた「松本を去る」5首は、「をさな児はたぬしかるらしいそがしき造り荷の間をめぐり遊べり」「いきどほろしき思をせめて墨すりつ閑心《いとま》に歌書きくらす」「あめやみて黒くぬれ居る畑土に萌えにし韮も煎らしめにけり」などで、このうち第2首にわずかに仕事上の怒りがうかがわれるだけである。土屋は、老教師を口で罵倒はしても、これを歌に詠むことはなかった。これが、教育の仕事の上での怒りや鬱屈を続々と歌に詠んだ斎藤との違いである。

(2) 斎藤の歌で戯れに綴る土屋校長の2年間

戯れに、『証』の終わり部分から『職場』にかけて斎藤が詠んだ歌をつないで土屋校長の2年間を綴ってみよう。

「仕事すれば住みづらくなるは必定ぞすでにきざしの幾つかは見ゆ」

「仲間意識持てぬ事実をつきつめて行けばわれは年若き校長なりき」
「先づ周囲と闘はなければならぬ現実をかなしみながら今日も務むる」
「『言へば波が立つ』といふ老いし教師蔭へ廻れば策謀をする」
「心ひそめわれはみてゐるわがめぐりにひたひたとおそひくる強き力きたなき策謀」
「一つ一つ積み上げて来しわが仕事もろくくづれて行く時もあらむ」

(3)「こだわり」の意味

このように、斎藤が管理職になると共に抒情を離れて教育の仕事の上での怒りや憤まんを歌い出したのを指して、土屋は「こだはり」と言ったのだと私は解釈したい。杉浦明平は、若い頃、土屋から「もっと素直に歌い給え」と注意されたというが（『明平、歌と人に逢う』162頁）、土屋は斎藤にも、「仕事にこだわった歌など詠わずに、もっと素直に抒情を詠い給え」と言いたかったのではないか。しかし斎藤は、「闘わぬ文学を否定する一人にて古き短歌によりて試む」という行き方をとったのである。

なお、土屋の「こだわり」という言葉の意味については、すでに多年にわたって斎藤に師事した堀江厚一、監物昌美、笠原肇らが解釈している＊。堀江「教育に集中する厳しさが文学（歌）の面で欠けたこと」、監物「喜博の50歳台の自負心の強くでた作品を指す」、笠原「短歌を闘う武器としたこと」が各氏の解釈の要点であり、私の解釈は笠原に近い。

＊堀江「母川回帰への始終」『斎藤喜博研究』90年、143頁／監物『歌人斎藤喜博考』03年、一莖書房、

15頁／笠原「異端の歌人、斎藤喜博」『事実と創造』00年11月号

4　土屋の選歌方針

(1)「歌の世界」ではない歌

斎藤が、自己の歌風が土屋から離れてきているのを認識していたことは右の「闘わぬ文学を〜」の歌から明らかだが、それにもかかわらず彼は、自己の歌の選を全面的に土屋に依拠し続け、また土屋も、提出された斎藤の歌稿から、「賛成でない」歌も選んだ。

最晩年の土屋が東京アララギ歌会で40回にわたって行った添削の言葉を記録した横山季由『土屋文明の添削』(07年、短歌新聞社)によると、添削した膨大な数の歌の中で斎藤のタイプの歌は「むちゃなこと言ふなと我は受話器おく支店の現場知らざる者に」という1首だけだが、この歌を土屋は「これで判りますが、歌の世界じゃないな」と評している。土屋が斎藤の歌に賛成でなかったのも、これと同じ思いだったからではないか。それにもかかわらず、土屋が斎藤の歌を採ったのはなぜだろう。

(2)作者の心を引き立たせる歌

土屋は『新短歌入門』(86年、筑摩書房)で、「大型店進出反対するすべはデモしかなきや吾もまじりぬ」という歌を、「少なくとも作る作者その人の心を引き立たせるだけでも意味がある」と評している。それと同様、斎藤の歌も斎藤の心を引き立たせるには意味があると理解して選歌

をし、「少くとも私は、彼の作歌が彼の教育活動をはげまし、いくらかの支へとなったであろうと思っている」(「斎藤喜博とわたし」『総合教育技術』81年10月号)としたのであろう。事実斎藤は、「結局は歌が一番性に合ふ歌つくれば楽しき力湧きくる」(『職場』以後)と詠んでいて、土屋の見立てどおり、攻撃的な歌を詠んでストレスを発散させ、教育活動への新たな力を湧き立たせたのだと思われる。

「ただし、それが文学としてどれだけ価値があるかということは、作品について評価するだけのことだ」と土屋は右掲書で釘をさしているが、斎藤もこのことは心得ていて、「闘ふために短歌も武器とせむ文学になるかならぬかは今はかまはず」(『証』)と歌っている。こういう考え方が大島史洋によって批判されたことは、すでに見た。

(3) 土屋にも他を罵倒する歌があるが……

仕事を歌に取り入れ、相手を罵倒する歌を詠み始めたことを土屋は「こだわり」と見たのであろうという解釈を先ほど提示したが、「そんなことを言ったって、土屋にも他を罵倒した歌があるではないか」という反論が出るかもしれない。確かに、土屋には次のような歌がある。

歌作るを生意志《いくじ》なきことと吾も思ふ論じ高ぶる阿房どもの前に(『山下水』)

選者やめぬならと責め来るに返しやる何をぬかすかこの馬鹿野郎(『続青南集』)

ただ、第1首は「短歌第2芸術論」を吐く「阿房ども」と対峙しながら自らを省みる歌、第2首は宮中歌会始の選者を辞退せよと迫る声に癇癪持ちの土屋が「何をぬかすか」と怒鳴り返している歌で、共に双方向のやりとりの中での叙景歌であり、斎藤の一方的な攻撃の歌とはタイプが違うのではないか。また、このように相手に罵声を浴びせる歌は、土屋においては全く例外的である。

なお余談だが、斎藤にも「校長を君と云ひ職員を臣と言ひゐし此馬鹿野郎今天皇制を罵倒する」（48年）という歌があり、ケノクニの伊藤和好によると、斎藤は「馬鹿野郎という言葉を使ったのは土屋先生より私の方が早かった」と語っていたという（「斎藤喜博短歌の変貌をめぐって」『斎藤喜博研究』90年）。

5　抒情歌が斎藤の故郷

前述のとおり、『職場』は仕事の歌のオンパレードであるが、盲腸炎をこじらせて入院した時の歌は「わが畑の雨にけぶらひやさしきはうすむらさきの大根の花」など、瑞々しい抒情にあふれるものばかりであった。しかしその後教育の場に復帰すると、また闘争歌が詠まれたが、晩年に重い病の床について否応なしに教育の場から離れると、歌はまた抒情歌に戻った。斎藤の故郷は、師・土屋文明の抒情歌の世界だったのであろう。「教育を離れた斎藤君に此の歌（小林注―抒情歌）があることはほんとうに喜ばしい」と土屋は斎藤への追悼記で書いた。

杉浦明平は、本章1の2で見たとおり、「今までの短歌をぶちこわ」し「新しい短歌」を生んだと斎藤の歌を評価したが、宮本利男は、次節で見るとおり、「喜博のやり方がだんだんそうなったのは、いわば必要悪のようなもので、喜博の本当は木や草を植えたりが本領」と見ている。斎藤の２人の盟友は盾の両面を語っていると言えよう。

3　草木・食生活・健康法の歌

1　草木詠

(1) 草木

斎藤には、草木、食生活、健康法等を詠った歌も多いので概観しておきたい。まず草木。

〔竹〕斎藤が詠んだ草木の歌で最も多いのは竹の歌で、「ひょろひょろと細く短きわが庭の方竹の一群に風の出でたる」など44首もある。方竹は稈が丸みを帯びた四角形の竹であるが、斎藤家の庭には、この方竹の他に支那竹や孟宗竹なども植えられ、疲れた目を休ませるのによい目標になっていたと『人と自然と――わが庭の記』（80年、一莖書房）に書かれている。

なお東京の土屋文明宅の庭にも方竹が植えられて「方竹の庭」と呼ばれ、土屋にも竹を詠んだ歌が41首もあるから、斎藤が庭に竹を植え、竹の歌を数多く詠んだのは土屋の影響があったのかもしれない。

〔羊歯〕 羊歯を詠んだ歌も多く、24首。「羊歯の葉は谷をうづめてしげり合ひあはれ去年《こぞ》の日もかくて嘆きし」というのは、斎藤が26歳の時、療養をしていた四万温泉で詠んだもので、青年教師時代の代表歌である。「私は山で羊歯の群落が青々としているのをみるのが好きだった。第1歌集を『羊歯』とつけたのも、この羊歯が頭にあってのことだ」。斎藤家の庭には、竹と共に何種類もの羊歯が植えられていたという。

〔朴〕 数の上で竹に次いで多いのは朴《ほお》で29首もあるが、この発端も土屋であった。太平洋戦争末期、疎開した土屋文明が寄留した大川邸には、広い庭があってさまざまな草木が茂り、その奥に朴の大木がそびえていた。土屋はこの朴の木の花を、「ほほがしはたをやかにして白花の清き日本をただに愛《かな》しむ」(『山下水』)と詠った。「ほほ柏」は朴の古語である。

土屋は山地を耕して野菜や草木を育てたが、そこに朴の苗木を植えた。帰京の際に持っていく積もりだったのだろうが、持ち帰りたい草木は多く、「移りゆかば伴ひがたき草や木や数へしるすにああ限りなし」『自流泉』)と嘆いた。そのため、「伴ひがたき草や木」の多くは斎藤が譲り受けたのであろう、斎藤は「堀り下されしうりかへでも花の木も根づきしがかたみと思ふ故にかなしも」と詠んだ(『証』)。それらの中に朴の苗木もあった。

斎藤は、「ほほの葉はほぐれ開きぬ帰り給ふ君追ひゆかむ希ひわくとき」「朴の苗大木《おおき》となりて花咲くまで君がみ命も長くあらしめ」と土屋に深い追慕の思いを抱きながら、「大切に竹立て並べ日の経《ふ》れば朴の葉も少し固くなりたり」と慈しみ育てた。11年経って（62年）、「今年はじめて咲きしわが家の朴の花輝く白花は高き木の上」となり、喜びが弾けて、「朴の花」と題し右の歌も含めて11首が詠まれた（『職場』以後）。

この後さらに14年経った76年（移植後25年）には、「朴の木の下」と題して「天に向ひて咲く朴の花白々としていたく明るし」「朴の花咲くをしみればたちまちにすぎたりと思ふ二十五年の」など7首が詠まれた（『草と木と人間と』）。この年に発表された「朴の木」という随筆（『人と自然と』所収）で、斎藤は「朴の花は40も50も開いて芳香を放っていた」と書いている。なお朴の花については、徳田白楊という歌人を巡る話題がある。このことは次節で取り上げる。

〔草〕「鉄道草生ふる水べの蛇籠の上坐りて思ふ新しくなりかはる日本のこと」。これは敗戦直後に詠まれた歌だが、鉄道草の他に蘭草、釣鐘草等々、「草」を詠った歌は57首に達する。

2　食生活・健康法

〔食生活〕食生活に関する斎藤の歌は約30首ある。最も多いのは、「夜べ残りしうどんを煮込み熱くして食はむよそれのみが楽し今朝の目覚めは」（37歳）に始まり、「食ひたきもの数数のなかつづまりは新ジャガ入れし上州おきりこみ」（70歳）に至るうどん（おきりこみを含む）の歌で、6首ある。

他に、そば、韮、ねぎ、ほうれん草、茗荷等々。そば以外は、みな斎藤家の庭に植えられていたものである。「牛肉を食ひし翌日は疲れぬと驚きていふ君も貧しく」という歌もある。当時肉食は、祭りなどハレの日だけの特別食であった。

序章で見たとおり、晩年の斎藤は教育行脚や集中講義で東奔西走、猛烈な忙しさであったが、斎藤を迎える側は、どこでも気を使って接待し宴席を設けただろうから、結果的に酒の飲み過ぎ、カロリーの摂り過ぎとなり、それが斎藤の寿命を縮めたのではないだろうか。

〔健康法〕斎藤が健康法を詠った歌は10首余りある。昔は卵が貴重な栄養源で、「引出に鶏卵一つしまい置くを頼みに思ひつめて仕事す」（34歳）。日光浴も広く行われた健康法で、「洗濯板の如きわが胸なでながら莫蓙の上に陽を浴び身体養う」（41歳）。

「かく憎まれゐるうちに死ぬのはいやだバラ肉食ひて身体養う」「山羊乳の中に苺の実を落しひたすら守るわれのいのちを」（43歳）、「葫《にんにく》酒机におきて夜をふかすせんなければ身体いたはらむとして」（49歳）などという歌もある。また、「むさぼり食ひあくまで食ひてひょろひょろのわが体力もたもたれてゐる」（49歳）。斎藤は健啖家であった。

4　アララギの友

1　宮本利男

（1）宮本を偲ぶ歌

亡き友のなべて恋ほしきなかにしてもっとも思ひ出づ宮本利男（81・6）

斎藤が群馬県教組文化部長だった時代の1950年に、近藤芳美を初めとする30代の無名歌人10人が、『自生地』という合同歌集（副題「アララギ新人歌集」）を出した。メンバーは近藤の他、高安国世、小暮政次、中島栄一、扇畑忠雄、金石淳彦、宮本利男、狩野登美次、小市巳世司、樋口賢治で、歌集を出した白玉書房の社長・鎌田敬止の人選だったという。ここになぜ斎藤喜博が入っていないのかわからないが、これら10人のうち斎藤が最も親しく交わったのが宮本利男であった。

（2）田井安曇『ある歌人の生涯』

宮本については、田井安曇『ある歌人の生涯』（89年、短歌新聞社）という正・続2冊の詳しい評伝がある。田井は1930年生まれ。近藤芳美に師事したアララギの歌人で評論家でもある人である。この本では、「宮本利男は今やほとんど無名で、戦後短歌史にさえ出てこなくなっていますが……彼は忘れられてはならぬ歌人だと思います」（同書あとがき）という問題意識で、宮本の歌人としての生涯が詳細に書かれていて、斎藤との関わりも詳しい。そこでここでは、まずこの本に拠って、宮本がどんな歌人だったかということを見てみたい。

（3）宮本の経歴

『アララギ』誌上での宮本と斎藤の出会い

宮本は斎藤より7歳若い。35年に商業学校を卒業して開成館という教科書会社に就職。翌年初めて『アララギ』に歌が載ったが、そこに博葵志（斎藤喜博）の歌も載っていたという。その後これら新人の歌は、それぞれ毎年50首前後も載るようになって互いに注目し合うようになり、千葉に住んで東京に勤務する宮本は、群馬で斎藤が世話をする歌会にしばしば参加するようになった。

本づくりへの宮本の貢献

宮本は、アララギ発行所で『アララギ』の校正という役割が与えられた。また彼は、土屋文明の『短歌小径』や『万葉集私見』などの編集から校正の実務一切を任され、そのことの謝辞を土屋はこれらの本のあとがきに書き、また宮本が亡くなった後には「まめまめしく宮本利男共に来て口授筆記の短歌小径あり」という追悼歌を詠んでいる。このように、「神のように思う」（宮本夫人の言葉）土屋を助ける仕事を通じて、彼には「国文学の勉強をしたい」という思いが募り、二松学舎専門学校国文科（夜学）に入学して学んだ。ところが、42年に戦時統合で開成館は中教出版に統合されたが、何と『アララギ』の編集者・五味保義が中教出版の重役の椅子にいたという。

本づくりでは、『自生地』はほとんど彼が一人でつくり上げ、また斎藤も『羊歯』『職場』の出版に際して宮本に世話になったという謝辞を、この2つの歌集の「巻末小記」に記している。

宮本のストレス

しかし宮本は、東京帝大出のエリートが集う大「アララギ」の編集部に仮採用的に席を与えられたという意識があって負い目を感じ、しかも、アララギの編集者で会社でも上司である五味と反りが合わないこともあって、それらのストレスが、後の彼のアララギからの離脱とかアルコール依存症とかの原因になったと田井は分析している（続・9頁）。

（4）『ケノクニ』と宮本

「偽穢之歌」の掲載

46年には斎藤が編集・発行する『ケノクニ』が創刊され、以後斎藤はしばしば宮本に寄稿を依頼し、48年4月号には、「偽穢之歌」と題した120首もの歌が一挙掲載された。これは、彼がこの名で歌集を出したいと思って歌稿を編んでいながら叶わなかった作品から抜粋したものだということ。

なお、この「偽穢之歌」はどう読むのか田井はわからなかったが、宮本が亡くなったはるか後の81年夏に、病中の斎藤の代理として堀江厚一から問い合わせのハガキがあり、そこに斎藤の近作として「ギアイの歌と君の定めし歌集いづべに今はあるにやあらむ」という歌が書かれていて、これでこれは「ギアイの歌」と読むのだということがわかったという。81年夏といえば、斎藤が亡くなった時である。いまわの際に斎藤は、盟友宮本が出せなかった歌集のことを気にかけていたのである。

葛飾通信

『ケノクニ』61年11月号からは、宮本の住む市川市葛飾にちなむ「葛飾通信」が載った。「等身大の斎藤喜博を描いた連載を」という依頼に応えたもので、連載はとびとびに3回載っただけで終わったが、62年11月号の2回目に面白いエピソードが書かれている。

同年8月、高尾山で安居会（アララギの合宿歌会）があり、続いて伊藤左千夫の50回忌法要があったが、この場で宮本は『自生地』で名を連ねた中島栄一と親しくなり、法要の後、2人で群馬の斎藤を訪ねた。中島と斎藤は「未見の友」だった。3人は、夕方から斎藤家の庭の石に坐ってビールを飲み交わし、宮本と中島は深更まで斎藤短歌について論じ合った。

中島は、斎藤の作品は『羊歯』『証』『職場』とある方向に発展していると評価したのに対し、宮本は、すでに一部引用したが、「喜博のやり方がだんだんそうなったのは、いわば必要悪のようなもので、喜博の本当は木や草を植えたり、芝生の真中にこんな石の机や腰掛を据えたり……が本領じゃあないでしょうか。例えば面倒な教育論など書くより、『童子抄』とか『川ぞひの村』

などが、彼の本当の持味でしょう。云々」。斎藤喜博ニヤニヤ笑って答えず。彼は世にもすぐれた「政治家」なれば。さて、このへん、ケノクニの皆さんも考えてみてください。『人には皆それぞれの生き方あり。』」と書いている。杉浦明平と宮本の場合と同様、中島と宮本も楯の両面を見ているということであろう。

また63年5月号の3回目では、「ケノクニの諸君は、人のいうことをだまって聞いているばかりではいけない。斎藤喜博だって大したものではない。……諸君は事ある度に物をいうべきだ」と書いている。上野省策同様、宮本も斎藤と忌憚なく物を言い合う仲だったのである。

(5) 宮本の入院と退職

62年、宮本はアルコール依存症という診断で休職、入院し、入退院を繰り返して1年後には退職した。深酒の傾向は以前からあり、『ケノクニ』に寄せた歌にも「しらじらとなりたる吾と泥のごとき君と肩組みて暗き路次をゆく」(47・9)など深酒の歌が何首もあり、斎藤も宮本の死後1年の66年、「ケノクニ二十周年」という題の7首の中で、「宮本利男のこともさびしも高崎に酔ひたる君を背負ひ歩みき」と歌っている。

宮本が入院中の64年4月、島小を去った斎藤に贈る歌8首が『ケノクニ』に載った。「島村を去りたることを知りながらいたはり一つ吾は告げざりき」「面影に立つは有名な今ならず川沿ひの村にありし頃のこと」「或る時は自負して君に対ひにき二十年経ちて遂に及ばず」など。宮本にも恃むところがあったはずだが、入院・退職はさぞかし無念なことであったであろう。

（6）『アララギ』からの離脱

『アララギ』に歌を載せなくなった斎藤と宮本

宮本が入院した62年に土屋も心筋梗塞で入院し、これを機に土屋は『アララギ』の選歌を中止した。そのため斎藤も宮本も、『アララギ』へ歌を投稿しなくなった。2人とも土屋に選歌をしてもらうことが目的だったから、土屋が選をしない『アララギ』に魅力はないのである。宮本には、その後斎藤の『ケノクニ』、中島の『放水路』、栃木県アララギ会（生井武司）の『はしばみ』などが寄稿を求め、宮本はこれらの歌誌に作品を発表するようになった。

「斎藤茂吉短歌合評」の執筆陣からの除外

この時期、『アララギ』では「斎藤茂吉短歌合評」を長期連載中で、118名ものアララギ会員が執筆し、『自生地』のメンバーもみな入っているが、宮本だけ外され、また斎藤も外されている。宮本が外されたのは「（五味から）忌避され無視されたとしか思えない」と田井は解釈している（続・276頁）。斎藤の場合は、先に見たとおり、斎藤が茂吉批判をして柴生田稔や『アララギ』の編集人・五味保義とやり合ったことが、外された原因であろう。

（7）宮本の死と届かなかった訃報

65年、宮本は一時退院していた自宅で心筋梗塞のため47歳で急逝した。『アララギ』に短い訃報が載り、葬儀には多数のアララギ歌人が参列した。追悼歌を詠んだ人も多く、有楽町駅前でタバコ屋を営んでアララギの若手歌人から親しまれ、斎藤や宮本もしばしば立ち寄った西山岱作老人も「幾たびか曲りつつ行く路狭く君の棺の意外に重し」と詠んだ（続・281頁）。

しかし斎藤の年譜には、宮本の死のことも葬儀のことも記録されていない。訃報が知らされなかったと思われる。「亡き友の〜」という追悼歌が発表されたのは、ずっと後の81年のことであった。アララギから離れていた近藤芳美にも訃報は届かず、彼は「君の死をすでに告げくるものもなく行くまぼろしは焦土の青山」と詠んだ（続・273頁）。「青山」はアララギ発行所の所在地である。

（8）田井安曇の開き直り

以上、田井の著書に拠って斎藤と宮本の関係を見てきた。この本は、丹念に資料を集めて書かれた信頼できる本である。ところが最後になって彼は、斎藤の『二つの教師論』を槍玉にあげて「自己肯定がすさまじい」と批判し、宮本が「選りに選ってこうした人に稿を寄せざるを得なくなった孤独をひとしお感ぜざるを得ない」と書いている（続・316頁）。急転直下のどんでん返しで、私は唖然とした。

これは、斎藤と宮本の交友をあまりにも皮相的に捉えた見解だと私は思った。すでに見たとおり、2人は互いに言いたいことを言い合う仲であり、また宮本には『ケノクニ』だけでなく他の歌誌にも寄稿する機会はあり、特にこの後3で紹介する中島栄一は、主宰する『放水路』への寄稿をしばしば宮本に求めていたのである。

2　杉浦明平

(1) 杉浦の経歴

杉浦明平は斎藤短歌の変貌を高く評価し、また斎藤も杉浦の評価に大きな力を得たということはすでに見た。斎藤より2歳若い杉浦は、豊橋の旧制中学生時代からアララギに入り、一高―東大の学生時代を通じてアララギ発行所に出入りして『アララギ』の校正を手伝った。しかし彼は、大学卒業時には自身の短歌の才能に見切りをつけて歌を止め、小説・評論の道に進んだが、アララギ発行所への出入りは続け、数々の歌論・歌人論を書いてアララギの広報宣伝部長のような役割を果たし、また斎藤の私設応援団長にもなったのであった。

岡井隆によれば、杉浦は体は小さかったが「批評は毒舌に外ならず遠慮会釈なしであった」(『ぼくの交友録』05年、ながらみ書房)というから、斎藤との最初の出会いがいつだったか記録はないが、斎藤とは気質が似通っていて、きっと初対面でウマが合ったのであろう。

しかし、1945年に杉浦が米軍の空襲で焦土化した東京を去って故郷の渥美半島に帰ったこともあって直接会う機会は意外に少なく、『斎藤喜博対談　教育と人間』(67年)で斎藤は、杉浦と会ったのは今回がたった3回目だが、毎日のように会っている気がすると言い、杉浦も「ずいぶん会ったように思いますが」と応じている。

（2）『ケノクニ』への46編もの寄稿

土屋文明記念文学館には斎藤が編集した『ケノクニ』が創刊号から保管されているので、同館のＨＰで検索してみると、杉浦は同誌の創刊2年目から45周年記念号まで、46編もの文章を同誌に寄稿していることがわかった。このうちの大半は、「月々私見」というエッセイの連載であるから、毎月杉浦の文章が『ケノクニ』には載っていたわけである。しかもそれ以前、斎藤が県教祖文化部長だった頃の同教組機関誌『文化労働』にも書いている。これだけ斎藤が主宰する雑誌に杉浦の文章が載れば、「毎日のように会っている気がする」のも当然であろう。

『ケノクニ』への最初の寄稿である47年1月号の「歌道といふ言葉について」という評論では、斎藤が編集後記に「歌は小説や漫画を読むやうなわけには行かないから、その点はあらかじめ十分覚悟していただきたい」と書いたのに対して、「歌をよむのにもそんな覚悟をしなくてはならないのだろうか。もちろんそんなことはない」と異論を唱えている。上野省策、宮本利男と同様、杉浦も遠慮なく斎藤に意見を言っていて、そこに盟友の盟友たる所以があると言えるであろう。

3　金石淳彦

いそがしくわれの過ぎゐてときどきに思ひ出づ金石淳彦宮本利男（78年詠。『草と木と人間と』）

金石は京大を卒業して北九州の製油所に就職したが、学生時代から結核に苦しみ、長い闘病生活を送って49歳で亡くなった。
斎藤と金石は同い年で、アララギに入会したのも同じ17歳の時であり、また若い時から病気で苦しんだことなど共通点が多い。また金石の歌は「若葉なす公孫樹並木を歩き行く鳥々は高く短く渡る」など格調高いリアリズムの歌が多いので、直接会ったことはないが、斎藤は金石に格別の敬意と親しみを感じていたのであろう、1954年秋に島小職員らと九州旅行をした際、別府で療養中の彼を見舞って初めて会い、「金石淳彦氏に」という8首を詠んだ（『証』）。うち2首を掲出する。

大分より日田へ行く汽車中に恋ひこひて予期せし如き君を見しなり
ただ一度会ひたる君にわがたのむ再び会はむ時なからむに

この5年後には「金石淳彦氏に報ず」として、次の2首を含む3首を詠んだ（『職場』）。これは、金石が主宰する歌誌『にぎたま』の求めに応じたのではないかと思われる。

君は豊後にわれは上つ毛に遠くあれば恋ひつつ思ふにゆきあへぬかも
病む君を窓にかへりみ別れ来しその日のこともはるかになりぬ

59年金石は亡くなり、「金石淳彦氏を悼む」として追悼歌2首が詠まれた。

君あれば常こひてゐし豊後の国別府には今は亡きなり
世に立たずきほほず嘆かずすぎぬ豊かなる教養と力持ちつつ

斎藤の歌集で2度も連作が詠まれ、追悼歌まで贈られたのは金石だけであり、金石に対する斎藤の深い思いが偲ばれる。晩年に斎藤は、「アララギの友とも交わり絶えてをり交わりし少なきは早く死にたり」と詠っている（『草と木と人間と』）。斎藤の念頭にあったのは、宮本利男と金石敦彦であろう。

4　近藤芳美

(1) 親しい関係だったとは言えない斎藤と近藤

近藤芳美を斎藤の「アララギの友」と呼ぶことには疑問があるが、便宜上ここで斎藤と近藤の関係について触れておくことにしたい。

斎藤が亡くなった時、『総合教育技術』や『ケノクニ』は追悼号を発行したが、そのどちらも近藤芳美に追悼記の寄稿を依頼している。ということは、両誌の編集者は斎藤と近藤は親しい友人だったと考えていたわけで、一般の認識もこれと同様であったであろう。両者は、年令も『アララギ』にデビューした時期もほとんど同じで、また、見る見る頭角を現してアララギの俊秀と謳われるようになったのも同じだから、両者が親しい間柄だったと考えるのは当然のことである。

しかし、事実はどうであったか。近藤は草木社から出世作『埃吹く街』を出したが、自叙伝『歌い来しかた』(86年、岩波新書)で、草木社の社主は「本当は洋画家の上野省策であった。疎開中に斎藤喜博を知り、出版社を企画した。斎藤は土屋文明門下の歌人、当時群馬県の一小学校教師であったが後に教育実践者として教祖のような存在となった」と書いている。

これを読めば、誰でも「近藤と上野の仲立ちをしたのは斎藤だったのだ」と思うだろう。ところがよく読むと、この文章は上野と斎藤の関係の説明と斎藤の人物紹介をしているだけで、近藤と斎藤の関係は何も書いていない。草木社からは、後に杉浦明平の『作家論』という評論集も出たが、その後書きで杉浦は、この論集が「友人斎藤喜博君のおかげで陽の目を見た」と書いている。杉浦のこの率直な感謝の言葉に比べ、近藤の文章はよそよそしい。

おそらく、杉浦には斎藤が声をかけて出版の仲立ちをしたのに対して、近藤の場合は斎藤から上野に情報を伝え、上野が出版の交渉をしたのであろう。「斎藤―杉浦」の関係と「斎藤―近藤」の関係との間には、それだけ濃淡の差があったのである。

(2) 斎藤の「勇ましい」歌には関心がなかった近藤

斎藤は、初め博葵志という筆名で『アララギ』に感傷的・抒情的な歌を発表していたから、これが後に闘争的な歌を発表するようになった斎藤喜博と同一人物だったとは気付かなかったということを『ケノクニ』に追悼記を載せた高安国世は書いているが、近藤も同様だったようである。そして彼は、「無名の青年歌人、博葵志」の「神経のまこと弱りしこのごろの吾をあはれみ早く寝ねたり」というような「みずみずしい、素朴なままでの、むしろ過多ともいえる感傷性」のある歌を思い出として語り、「後年の彼の、教育者としての活躍をわたしはよくは知らない」と追悼記で書いている。都会の建築技師で抒情歌人であった近藤は、田舎の小学校教師の闘争的な歌には関心がなかったのであろう。

（3）関係は希薄なまま

一方斎藤の側からは、近藤に対してかなりの働きかけがあった。本章1で紹介した近藤に対する批判もその1つである。しかし、この批判に近藤は取り合わなかった。

また近藤は、戦災で消失した土屋文明邸の設計図を描いて51年に再建させたが、当時仮住まいだった斎藤もこれにあやかりたいと思ったのであろう、新築する自宅の設計を近藤に依頼し、年譜によると54年から55年にかけて依頼と打ち合わせのために8回も東京の近藤宅を訪れている。しかしこのことについては、近藤は何も書いていない。ほとんど記憶に残っていなかったのであろう。

（4）「朝日歌壇」の近藤芳美選

しかし近藤は、「朝日歌壇」では教育の歌をよく採り、特に兵庫県の青田綾子という小学校教師の斎藤喜博を詠んだ歌を何度も選んでいる。

「斎藤喜博」追いて吾らの熱かりき「ちょうちん学校」と揶揄されにつつ（97・11・22）

斎藤喜博林竹二亡くそを追いて熱かりし吾らも老いて散り散り（01・3・4）

（この年、投稿者は37年の教職生活を終える。）

提灯学校と呼ばるる迄に夜々を灯し追いし喜博先生も友らも遥か（04・2・16）

第3首は第1席に選ばれ、近藤は「喜博先生――斎藤喜博のことであり、戦後教育の指導者でもあった。その著書を、読み合うために夜々を灯して集まった教室を、人々はちょうちん学校など呼んだのか。作者もそうした一時代の、ひとりの女教師だった」と評している。この年、斎藤喜博没してすでに24年、近藤も最早91歳。この評は、ただ一筋に斎藤に学んできた老女教師への近藤のねぎらいの言葉であったのであろう。

なお、斎藤の死後、近藤は広島県世羅中学校の校歌の作詞を頼まれ、その発表会の場で思いがけなく斎藤作詞の数々の合唱曲を聴くことになった。このことは次章で触れる。

5　徳田白楊

(1)　徳田白楊と朴の花の歌

徳田白楊と斎藤は、アララギの友どころか互いに知っていたかどうかも疑わしいが、近藤同様、やはり便宜的にここで取り上げておきたい。

大分の後藤清春が、21歳で夭折した郷土の歌人・徳田白楊を顕彰する事業を、すでに長い年月にわたって続けてきている。このことは氏の著書『徳田白楊のすすめ』(10年、一莖書房) に詳しいが、この本によると、白楊は朴の花の歌を、「六月の真昼の町の垣ぬちに見上げて通る朴の木の花」「朴の木の大きく白きその花をあなあはれよと仰ぐ宵々」など7首詠んでいる。

(2)　白楊と斎藤の関係

白楊は斎藤と同い年で、共に土屋文明に深く師事した歌人である。そうすると当然、白楊の朴の花の歌も土屋や斎藤と関係があるのではないかという疑問が湧く。しかしこれらの歌は、白楊が旧制竹田中学校生だった17歳の時に詠まれたもので、まだ土屋文明を知る前であり、ましてや斎藤の朴の歌が生まれる以前であった。だから、白楊の朴の歌と土屋や斎藤の朴の歌は無関係だということになる。

白楊は、土屋に出会う前は啄木、牧水、子規などに傾倒していたというので、これらの人たちの歌集に一通り目を通してみたが、朴の歌は見出すことができなかった。だから白楊の朴の花の歌は、誰かに影響されて生まれたものではなく、右に抄出した歌から推察できるとおり、白楊が日常通る道の傍に大きな朴の木があり、その高い梢に咲く白く大きな花を見上げて、彼には自ずから歌心が生まれたのであろうと思われる。後藤によれば、白楊の朴の歌は初恋の人への相聞歌だという。

(3) 白楊と斎藤の共通性

白楊は19歳でアララギに入会し、投稿歌は土屋文明選で『アララギ』にしばしば載ったという。一方斎藤の歌が土屋選で『アララギ』に初めて載ったのは22歳の年の5月で、数々の重い病に苦しんだ白楊は、その4カ月前の1月に亡くなってしまっていた。だから、2人は全くのすれ違いだった。

しかし、朴の歌では関係がなかったとはいえ、白楊もまた朴の花に心を寄せ、7首もの歌を詠んだということは、白楊と斎藤には共通した感性があったことを物語っている。だから白楊が早く亡くならなければ、きっと2人は親しい友人になったと考えられる。朴の花の歌だけでなく、

2人とも兄弟姉妹に教師が多く、少年時代は孤独であり、青年時代は病に苦しみ、また土屋文明に強く惹かれたなど共通点が多い。

2人と同世代の近藤芳美宅の庭にも、若い女性歌人から贈ってもらった朴の木があり、近藤は「朴の花」という随筆を書いている（大岡信ほか監修『花の名随筆5　五月の花』99年、作品社）。しかし、この女性歌人は『朴の花』という歌集を残して早逝したというが、近藤は、朴の花を随筆には書いても歌に詠むことはなかった。その点では、斎藤と近藤より斎藤と白楊の方が感性の上で近い関係にあったと言える。

（4）後藤清春・牧野桂一と朴の花

後藤清春の盟友・牧野桂一（筑紫女学園大学教授）は、『事実と創造』10年8月号に掲載の「随想「朴の花」」で、斎藤が亡くなった時、形見に朴の木を植え、また後藤も白楊記念館に朴の幼木を植え、それらが今は毎年美しい白い花を咲かせていると書いている。2人とも徳田白楊と斎藤喜博を結び付けて考えているのである。

【余滴5】斎藤喜博選

追憶の斎藤喜博選

十代のわれに会いたく故郷の図書館に探す斎藤喜博選　（坂戸市）神田真人

これは、09年11月30日付の「朝日歌壇」に載った入選歌（馬場あき子選）である。序章で触れたとおり、斎藤は島小学校長になった年に朝日新聞群馬版に新設された上毛歌壇（朝日短歌）の選者になった。右の入選歌は、この上毛歌壇のことを詠っているのだろうと思い、斎藤の「朝日短歌選後感」（『第二期斎藤喜博全集』第12巻）を参照してみたところ、74年9月8日付で次のような選後感が載っていた。

「神田さんの『眠り足らぬわが目にまぶしく池の面に今朝は睡蓮の赤く咲きたり』の原作は、『池の面に睡蓮咲きしあでやかに不眠の朝けわが目まばゆし』であった。はじめて歌をつくったのかもしれないが、この原作でも、素直に物をみ、素直に歌っているので改作してみた。参考にしていただきたい。」

この「神田さん」が神田真人であろう。

「ので」という接続詞への疑問

この選後感からわかるのは、神田の名で入選歌として発表されたのは、実は斎藤が改作したものだということである。原作は入選のレベルに達していなかったのである。

ただ、この選後感での「ので」という接続詞の使い方は何か変だと私は思った。「ので」は

「原因・理由を示し、自然の成行きで次のような結果になるということを示すのに用いる」（『広辞苑』）とある。そうであれば、「原作は素直に物をみ、歌っているので」と来れば、「入選とした。」と続くのが自然である。ところがそうではなく、「改作してみた。」という原作を否定するような文章が続くので変なのである。

では、なぜ斎藤がこのような文章を書いたのか、その背景を探ってみることにしよう。

斎藤の睡蓮の歌

神田の投稿歌は睡蓮の歌だが、斎藤にも睡蓮の歌がある。アララギに入会して2年目の24歳の時に詠んだ「あくがれて吾は来にける池水に淡々《あはあは》しかり睡蓮の花」ほか3首である。第1歌集『羊歯』の最初に載っている。

ところが、土屋文明にも「あくがれの色とみし間も束の間の淡々しかり睡蓮の花」という歌がある。18歳の時の作で、第1歌集『ふゆくさ』の冒頭に掲げられ、「土屋短歌」の出発点だとされている歌だという。

この2首を見比べれば、斎藤の睡蓮の歌は土屋の歌を参考にしたものであることは明白である。斎藤は習作時代、深く師事する土屋の睡蓮の歌に学んで自らも睡蓮の歌をつくったのである。

初心の投稿者への心遣い

神田は、郷里の大先輩である土屋と斎藤の歌集を読んで睡蓮の歌を知り、それに学んで自らも睡蓮の歌を詠んだのかもしれない。

一方斎藤は、投稿者の睡蓮の歌を若い日に自身が土屋に学んで詠んだ睡蓮の歌と重ね合わせて読んだのではないか。そのため、普通だったら没にするレベルの歌だが、初めて歌を詠んだと思われる若い作者への心遣いから、歌い方の素直さを評価して、「このように改作してみた。参考にしていただきたい」としたのであろう。だからここは、「素直だが浅いので改作してみた」というふうに「浅い」という否定的な言葉を入れれば「ので」という接続詞で「改作」に自然につながるが、「心遣い」が否定の言葉を入れるのを妨げたため「何か変」ということになったと私は思う。

結果的に神田はこの選歌感で斎藤から学び、35年経った今もなつかしく、郷里（群馬）の図書館で当時の新聞を探しているのである。

後日談

朝日歌壇に神田の入選歌が載った直後の09年12月9日付け読売新聞「編集手帳」に、この人の「以上百三十名の新一年生「ナニお」「ナニこ」と呼ぶ名聞かざりき」という歌が引用されていた。「読売歌壇」の入選歌だという。このことから、この人は十代の上毛歌壇への投稿を出発点に、ずっと今日まで歌を詠み続けてきていることがわかった。

ただ、朝日歌壇と読売歌壇の両方に投稿しているのは、斎藤が健在だったら厳しく戒められるところであろう。

第6章　童話・詩

1　童　話

1　斎藤の童話等の著作活動

斎藤は、初任校の玉村小学校で3年目に4年女生組を担任し、高等科2年まで持ち上げて卒業させた。この学級では、斎藤は綴り方（作文）を熱心に指導して、すぐれた作品を雑誌『佳い綴り方』に投稿し、そのほとんどが入選した。斎藤はこれをまとめ、1942年、31歳の年に『ゆずの花』という書名で出版した。この本は、この後3節で取り上げる。

敗戦の翌年（46年）には、斎藤の長女草子《かやこ》ちゃんの独り言を収録した絵本『カヤコチャン』が出た。

これは次の2節で取り上げる。これに続く47年、六三制が発足して新制玉村中学校に転勤になった年には、郷里芝根村の風物や子どもの遊びを45編の短い文章で子どもたちに語る『川ぞいの村』が刊行された。これが、斎藤の最初の童話集である。

後に見るとおり斎藤は童話には思い入れを持っていたが、島小学校長になってからは、著書は学校づくりから授業論・学校論へと収斂され、「童話」を書く暇はなくなった。ただ、62年に刊行された『斎藤喜博著作集』の第2巻に「子どもへの物語」という作品が書き下ろしで加えられ、これが全く久しぶりの「童話」執筆であった。

2『川ぞいの村』（原題は『川ぞひの村』1947（昭和22）年、宝雲舎、『全集』14に所収）

（1）流れのある美しい「写生」の文章

斎藤の最初の童話集『川ぞいの村』は、春夏秋冬の4部構成で、「春」は「1　川底のこけ」から始まるが、その頭の部分を引用してみよう。

「川ぞこの石についているこけは、立春の日になると石をはなれて流れ出します。地上はどんなに寒くても、去年はえた水そこの古いこけは、もう春のきたことを感じて、石をはなれ、ゆるやかに流れ出すのです。川べりにあるわたくしの村では、春はこけの流れからはじまります。……」

自然の風景をありのままに写生した、流れのある美しい文章である。教科書に載せたい文章の連続で、実際、秋の部の「利根川の瀬の音」は『新しい国語6年下』（東京書籍）の1950〜52年版に載った。それは、ちょうど斎藤が島小校長として赴任した時で、島小の6年生はこの教科書を使っていた。斎藤は始業式で、この童話集に書いている月見草が咲くとき音がするという話をして、「皆さんは、よく自分の眼でものを見、自分の耳でよく聞き、よく考える人間になって下さい」と話したという。

（2）45編の文章の分類

この童話集は、斎藤が生まれ育った芝根村に題材をとって、右のような文章が1編300～800字で、「1川底のこけ」「2　つばきの花」「3　たんぽぽ」というふうに春の部は11まで続き、夏秋冬はそれぞれ11～12編で計45編から成っている。

これらを分類すると、最も多いのは蝶、椋鳥、蛇など鳥や虫などの「生きもの」を題材にしたもので17編、続いて、つばきの花、たんぽぽ、葱など「植物」に関するものが13編。他に前掲の川底のこけ、利根川の瀬の音のような「自然の風物」と、草笛、水遊びなど「子どもの遊び」が各7編。そして「藪蔭の家」という、斎藤が育った家と祖父霞城のことを書いた1編という構成である。

（3）「生きもの」と「子どもの遊び」の文章例

「自然の風物」の文章例はいま引用したので、ここではもう1編、「子どもの遊び」の例として春の部の「4　メッパジキ」を引用してみよう。

「メッパジキ」

「村の子どもは、石菖（せきしょう）のことを「メッパジキ」といっています。メッパジキは四、五月のころ葉のなかに緑色の茎をだし、そのいただきに、うす黄色の細長い花をつける草です。よく人家の庭のすみなどに茂っています。子どもたちはこの緑色の茎をみじかく切って、上瞼と下まぶたのあいだにはさんで、目を大きくひらいたりします。ですからメッパジキというのです。両方の目へこのメッパジキをしたおかしなかっこうの子どもたちは、まぶたの痛いのをがまんして、とてもとても偉くなったような顔をして遊んでいます。」

(4) 小中学生の童話

斎藤はこの本の後記で、氏が育った川ぞいの村の「事実を、できるだけそのまま、小学校4年から中学3年ぐらいまでを対象にして書いた」と記し、『ケノクニ』47年7月号に載せた本書後記の追加では、これが小さな子ども向けに書いたものではないことから、「こういうものを童話といえるかどうかわからないが……」と書いている。

しかし大人の本でも、「メルヘンチックで平易な物語」であれば「大人の童話」と言われる。『川ぞいの村』はこの部類で、「小中学生の童話」として扱ってよいと私は思う。斎藤も、この追記の表題を「童話集『川ぞいの村』について」としていて、これは本書を童話として読んでほしいという意思の表れであろう。

（5）本書の成り立ちと斎藤の自負

郷里の風物から取材して、45編ものエッセイを書くのは容易なことではない。しかし斎藤は、『教室記』を出した43年当時から、「ひそかに村の子どもたちの遊びを調べたり、村に残っている年中行事や習俗を調べたりして何冊ものノートをつくった」（『可能性に生きる』118頁）という人知れぬ作業を続けてきていた。序章で、斎藤は大判のノートに毎日真っ黒になるほどに学級の指導日誌をつけていたことを見たが、それだけでなく、このような調査ノートもつくっていたのである。

斎藤は、小学館の『少国民の友』45年10・11月合併号に「秋のいろいろ」というエッセイを載せたが、これを読んだ宝雲舎の編集者から「これに書き足して単行本として出版したい」という申し出があり、ちょうど『童子抄』を執筆中で多忙だったが、ムリして書き上げたのが本書だという。斎藤は後記の追加で、「本書の内容は少しかたくなりすぎたようであるが、しかし記述の途中、子どもたちに読んできかせ、その感想をきいた結果は、常によろこばれ、そうとうの影響をあたえたようである。そのことについては私は、少しは自信を持っているつもりである」と書いている。

なお49年に斎藤は、『川ぞひの村』その他により群馬児童文化協会から群馬児童文化賞（創作賞）を受けた。この会は47年に創立され、斎藤は理事を務めていた。

（６）阿部知二の影響？

話は飛ぶが、写真集『斎藤喜博の仕事』（76年）に「阿部知二氏の来校」という大きな見出しの付いたページがある（24頁）。この本で島小訪問者の名前が見出しになっているのは阿部だけで、この作家のことをほとんど知らない私は、「なぜ阿部だけが特別扱いされているのか」と疑問に思った。

そこで、竹松良明『阿部知二』（98年、神戸新聞）という本を探し出して読んでみたところ、阿部は膨大な小説、評論、翻訳等の作品を持ち、児童書の翻訳も数多い当代きっての「知性派作家」「進歩的文化人」であったが、作品には樹木や草花の名を克明に記したものが多く、また心に沁みる抒情的な自然描写も多いとあった（47頁）。そして示されている例文を読むと、確かにそのとおりで、自然描写は『川ぞいの村』の斎藤の文章と見間違うほどであった。もっとも、これは順序が逆で、斎藤が阿部の文章の影響を受けたのであろう。

このことから察すると、斎藤は８歳年長である阿部の作品の愛読者で、そのため阿部の来校を心から歓迎し、それが『斎藤喜博の仕事』での破格の扱いになったものと思われる。阿部の島小訪問は57年秋のことで、その機縁は不明であるが、この翌年、斎藤の本を何冊も出版している麦書房から阿部・奥田靖雄・石井桃子・国分一太郎の編集で児童向け読み物読本シリーズ『雨の日文庫』の刊行が始まっているから、麦書房の篠崎五六が阿部を島小に案内したのではないかと思われる。

3 「子どもへの物語」（1962年『斎藤喜博著作集』所収、『全集』14に再録）

（1）『斎藤喜博著作集』の中の作品

「子どもへの物語」は26編から成る随筆集で、『川ぞいの村』の姉妹書という趣の作品であるが、これは単行本ではなく、52年6月から刊行がはじまった『斎藤喜博著作集』（全8巻）に収めるために、この年の夏休みに急いで書き下ろされたものである。

（2）「子どもへの物語」の構成

『川ぞいの村』が郷土の風物や子どもの遊びを綴っているのに対し、「子どもへの物語」は、「幼い日のこと」という3千字のかなり長い文章を始めとして、「三人のきょうだい」「霞城先生」など自分史的なことや家族のことを書いた文章が9編、「鶴吉じいさん」「よったん」「山川菊栄先生」など評伝的なものが4編で、自然の風物、生き物、植物は合わせて9編に減っている。

ここでは、特に私にとって印象深かった2編―「川ぞこ」と「山川菊栄先生」を引用しておきたい。

「川ぞこ」

「川ぞこで、ことんことんと音がしていました。利根川の、深い早い流れの下でした。黒い大きい石が、川ぞこの石にあたって、ことんことんと流れていった音でした。そのほかには、何の音もしませんでした。

　少したつと、赤い大きい石が、ずずーずずーと、音をたててすべって行きました。……ときどき、石のかどが下の石にあたって、カタン、カツンと音をたてることがあります。カタカタ、スルスルなどという音を出して、石が動いていくときもあります。……カタンコトン／コトコト／カツン／ズズーズズー／カタカタ／スルスル／カツン太陽の光が少しもさしこまない、利根川の本流の水そこでした。……カタンコトン／コトコト／カツン／ズズーズズー／カタカタ／スルスル／カツン。利根川の深い早い流れの下の音でした。水の上には少しもきこえない音でした。」


聞こえない音を聴く詩人・斎藤喜博。宮沢賢治の「やまなし」を連想させる文章である。

次は「山川菊栄先生」。斎藤は子どもの頃、教師だった姉の本を内緒で読んでいたが、その中に社会主義者・山川菊栄（１８９０〜１９８０）の本があった。社会主義者と言えば国賊で恐ろしい人と思われていた時代だから、斎藤はドキドキしながら山川の名を強く記憶に留めていた。それからはるか後の54年に静岡で婦人教師研究集会が開かれ、斎藤も講師として出席した。

　「（控室は講師や来賓でにぎやかだったが）入口のところに、背中をまるめて、うつむきかげんに、一人ぽつねんと坐っている白髪のおばあさんがいました。どうみても、田舎の農家のおばあさんとしかみえません。粗末な洋服を着、粗末な眼鏡をかけて、じっと下を向いて一人で坐っているのです。けれどもその姿は、どこか大きな暖かさに包まれているのです。何の気どりもなく、何の強がりも、おしゃべりもないのですが、そこに坐っている一人の人間から出てくる大きさとか暖かさとかが、不思議なほどに私のほうに伝わってくるのです。……少したってわかったのですが、その人が山川菊栄先生だったのです。私は、歴史の本のなかだけであこがれていた人物が、いま現実に目の前にいるような驚きと感動におそわれました。……その姿は、みごとに豊かで大きいものでした。……何十年というきびしい仕事が、こんなにも人間を大きくし、謙虚につつましくしているのだと、感動と喜びでいっぱいになってみていました。」

後に都留文科大学での集中講義（77年）で、斎藤は「私の歩んできた道」という講話を学生に行ったが、その中で山川との出会いに触れ、「ああ、これが現実の山川先生か！　何か歴史上の人物――人麻呂か何かがあらわれてきたような感動でいっぱいになった」と語っている（『開く』最終号）。師・土屋文明の大作『万葉集私注』に学んだ歌人・斎藤喜博の「感動の極み」の表現である。

4　斎藤の童話への思い

斎藤は最晩年、点滴をしながら口述筆記をする病篤い床で、「童話を書きたい、川井にいた正ちゃんという少し頭の弱い子どものことを書いてみたいと語っていたという（斎藤の長女草子の言）。

（1）「正ちゃん」を童話に書きたいという思い

この子（正作と言う）のことは、『教室記』に、宿直の時に若いT君から聞いた話として出てくる。正作が先生に四十雀をとってやると約束して、雛のいる巣を毎日見に行っていたが、強風のため巣が吹き落とされてしまって約束が果たせず、正作はこわれた巣を持ってきて先生に見せたという話であるが、「実に面白い愉快な話」「小説のような童話のような世界」と斎藤は大変な興味を示し、「正作という子どもは、劣生で乱暴で、いつの年でも学級の問題の子どもであるが、私はこの師弟の話を面白く聞いた。そして、この子どもが好きになった。正作は何もできないが、小鳥を取ることは名人なのだそうである」と書いている。

「子どもへの物語」では、小さいとき柿の木から落ちて頭を打ち、馬鹿になってしまった「よったん」が、食べ過ぎて死んでしまう「童話」が書かれている。正ちゃんの話が書かれれば、数十年ぶりに斎藤の童話の復活だったのだが、天は斎藤にその時を与えなかった。斎藤の主治医だった金井朝忠も、「先生も後半生は童話を書きたいと洩らしてをられた。しかし先生は悠々と童話を書く後半生を持つことなく亡くなられたのである」と残念がっている（「斎藤喜博先生の思ひ出あれこれ」『ケノクニ』斎藤喜博追悼号）。

（2）すぐれた児童文学者に払う敬意

斎藤は、すぐれた文学者、特にすぐれた児童文学者には格別の敬意を払っていた。阿部知二や『雨の日文庫』のことは先ほど書いたが、斎藤は島小を去る直前の63年3月末に特別の日を設け、文庫の編集委員だった奥田、石井、国分と、島小の映画を撮った新藤兼人を招き、「学校をじっくりとみてもらった。国分さん、新藤さんははじめてだった。とくに、国分一太郎さんが、一度だけでもみておいてくれたことは嬉しいことだった」と『島小物語』に書いている（321頁）。

斎藤も、できることなら、これらの人たちに伍して児童文学＝童話を書きたかったことであろう。しかしそのためには、斎藤は現役時代も定年退職後も、教師と教育研究者としての仕事があまりにも忙し過ぎた。

5　『君の可能性』

（1）島秋人『遺愛集』

童話ではないが、斎藤は1970年に「ちくま少年図書館3」として青少年向けの『君の可能性』という本を著しているので、この本に関わる話題を2つ記しておきたい。

その1つは、島秋人の歌集『遺愛集』に関することである。「第5章　短歌」の末尾で、水野昌雄『続・戦後短歌史抄』が斎藤の歌集を高く評価していることを見たが、この本に先立つ『戦後短歌史抄』（2000年、話の泉社）では、「めいわくをかけし質店の広告あり死刑囚として故郷の新聞読めば」「字を知らず打たれし憶ひのなつかしさ掌づれし辞書は獄に愛し」など、死刑囚・島秋人が毎日歌壇（窪田空穂選）に投稿して入選した歌を集めた『遺愛集』（67年）が取り上げられている。

ここに斎藤喜博が登場し、著者水野は、「この歌集について、斎藤喜博の『君の可能性』でとりあげ論じているのは興味深い問題だ」として、「島秋人が小学校中学校では「低能児」といわれ、教師に打たれたりしたのに、空穂からは「頭脳明晰」といわれるようになったことに触れて、人間は「無限の可能性」を持っていることを論じているのである。……斎藤は教師としての反省をしながら『遺歌《ママ》集』をとりあげているが、一冊の歌集が教育論として価値あるものとなっているのである。短歌はいろいろと人間のあり方を考えさせる源泉であることを考えさせられる」と書いている。

言われてみれば、「一冊の歌集を教育論として価値あるもの」とした人は斎藤以外にはいない。『君の可能性』の著作は、教育者であり歌人であった斎藤の貴重な仕事であったと評価することができるであろう。

（2）斎藤喜博選

『君の可能性』を巡っては、もう1つ話題がある。序章で見たとおり、1952年から朝日新聞群馬版に「上毛歌壇」が設けられたが、選者の斎藤との連絡に当たったのは前橋支局が初任地の石井晃という記者だった。今はもう80歳を超えたこの人は、母校・関西学院大学アメリカンフットボール部の熱烈な応援団長で、「石井晃のKGファイターズコラム」というHPを開設しているが、このHPの第32回（06年11月）に、『君の可能性』と題して斎藤の思い出が書かれている。

「僕の尊敬する人に斎藤喜博という教育者がいる。子どもたちの可能性を引き出し、伸び伸びと育てる教育実践で一世を風靡した人である。……僕は前橋支局で勤務中、先生が個人的に主宰される教育研究会に参加したり、「上毛歌壇」の選をしていただくためにご自宅に通ったりして、教えを受ける機会があった。直接、薫陶を受けたのは1年足らずのことだったが、その後も先生の「全集」などを読んで、大きな影響を受けた。

先生に『君の可能性』という、子どもたちに向けて書かれた本がある。いまも、気持ちが落ち込んだり弱くなったりしたときには、引っ張り出して読み返す。その中に、先生が作られた「一つのこと」という詩がある。……」

以下、「一つのこと」の歌詞と斎藤の解説が紹介され、関学ファイターズも「明日のぼる山もみさだめ」て頑張れ！『君の可能性』を開拓するのは君自身である」という後輩への激励で結ばれている。

斎藤は『君の可能性』の「あとがき」で、この本は中高校生のために書き始めたのだが、「書いているうちにだんだんと、私自身に言いきかせるような気持で書くようになってしまいました。また、世のなかのおとなや学校の先生や政治家にも読んでもらいたいと思って、書くようになってしまいました」と綴っているが、この斎藤の願いが、若い新聞記者だった時代に斎藤に私淑した石井には、十分に通じたのである。

2　詩（詞）

1　歌を詠み、詩も書いた斎藤

島小教育が始まった頃、島村綜合教育に参加した神山順一（序章で既出）は、斎藤は利根川の川原で月見草の咲くのを何時間でも待ち、「花が開くとパァーッと心の底からよろこぶ。……チヨッと常人ではないと思うようなところがありまして……」と語っている。宮沢賢治は、美しいものを見ると「ホー！」と歓声を上げたというが、神山のこの話は、斎藤もまごうことなく詩人であったということを物語っている。そして実際、斎藤は長短合わせて41篇の詩を書き、それらは全集14と第Ⅱ期全集12に「詩群」としてまとめられている。

2　絵本『カヤコチャン』（斎藤喜博作・初山滋画＝1946年、小学館、『全集』14）

（1）『カヤコチャン』の内容

この絵本は20ページ色刷りで、各ページに描かれたファンタジックな絵に、次のような詩が添えられている。


オンマ、シッポガ　ナクテ、／ヒトリデ　アンヨシテルヨ。／アレ、ヒトツキリ　メ　ガナイ。／ドコヘ　イッタカナ。

テフテフサン、テフテフサン／オウチハ、ドコデスカ。

カヤコチャン　ガ／ネンネシテイル　アイダニ、／タケノコ　ガ／ヒトリデ／オオキク　ナッチャッタ。

（以下6連　略）


最初の連のページには、尻尾のない子馬が描かれていて、横から見た絵なので、馬の目が1つである。カヤコチャンはそのことを言っているわけで、それがそのまま詩になっている。本書の後記で斎藤は、「この絵本では、「カヤコチャン」という田舎の子どもが、3歳4歳のとき言った言葉を、そのまま書きました」と記している。

(2) 続けられたカヤコチャンの言葉の記録

『カヤコチャン』を編集した平井芳夫によれば、「話題がお嬢さんに及ぶと、斎藤さんの、あの切れ長の鋭い目が、一瞬とろけそうになるのである。つまり、斎藤さんは無類の子ぼんのうなのであって……」(『全集1』月報)ということであるが、記録はその後も続けられ、『カヤコチャン』の1年後に出た『川ぞいの村』でも、「冬の美しさ」という文章の中で再びカヤコチャンの言葉が紹介されている。

「わたくしは毎晩カヤコチャンという四つの女の子と庭へ出て星を見ます。カヤコチャンはなかなかよく自分の心と目でものをみる子どもです。そして自分がびっくりしたことは何でもお話する子どもです。この間は星をみながらこんなことをいいました。
白い星もあるね／赤い星もあるね／黄色い星もあるね／青い星もあるね
その前にはこんなこともいいました。
動いている星もあるよ／動かない星もあるよ／みんなカヤコチャンの方を向いて笑っているよ。」

3　子どものための詩（『全集』14―詩群）

『カヤコチャン』は小学館から出たが、同じ小学館発行の『小学1年生』の1947年12月号から翌年3月号までの4ヵ月間、毎月2編ずつ斎藤の短い詩が載った。題名は、「どんぐりのこま」「石なげ」「くるみの実」などで、例えば「石なげ」は「こおりのうえに　こいしをなげると／ちちちち　ちちちちと／ことりの鳴くような音をたてて／石はこおりのうえを　すべりました／むこうの　きしまで　とどきました」という短詩である。

自然の風物を抒情豊かに詠う斎藤喜博の世界――それを、ここでも見ることができる。

4　校長時代の合唱のための詩（詞）（『全集』14―詩群）

島小では、第3章で見たとおり、うたごえ運動の歌から始まった職員合唱が次第に自作の歌を歌うようになり、それが子どもたちにも教えられたが、ほとんどの歌は斎藤が作詩し、丸山亜季が作曲したものである。作曲された詩は詞と呼ばれるから、斎藤は作詩家であると共に作詞家でもあったと言うことができる。

作曲された斎藤の最初の作品は、島小校長3年目（54年）の〝大きな石もぐんぐんと／みんなで押せば動いていく〟という「大きな石」。続いて55年に〝利根河原の草原に／私たちの手で／一本の道ができた／みんなの足あとで作ったのだ〟という「細い道」。この歌だけが赤坂里子作曲である。同じ年に〝いま終る一つのこと〟という「一つのこと」。

少し間を置いて〝広い草原／明るい草原〟という「利根川の歌」（61年）、〝利根川は、今より何百年も前は／今のところより十キロも北の方を流れていたそうだ〟という7連57行の「利根川」という壮大な叙事詩（62年）。島小卒業式のための合唱組詩及び式辞「よろこびの歌」という65行の作品（63年）など。利根川を題材にとった詩がほとんどである。

この後、境小学校長時代には、〝かしの木の茂れる庭の／空のうえ鳥は飛びゆく〟という「かしの木」と、壮大な野外音楽劇「プロメテウスの火」序曲など（共に65年）が作られた。

5　教育行脚の時代の合唱曲となった詩（詞）

（1）斎藤作詞・近藤幹雄作曲の数々の歌

島小教育以後は、丸山亜季は日教組教研集会音楽分科会や音楽教育の会に参加してこれらの会でリーダーとなっていった。それに伴って斎藤―丸山のコンビは解消したが、丸山と入れ替わるように72年に音楽教育学者の近藤幹雄（都留文科大学教授）が斎藤の前に現れ、以後75年から斎藤が亡くなった81年までの間に斎藤―近藤のコンビで14曲もの合唱曲が作られた。次に列挙してみよう。

「空」（いにしえの／ゆかりの　さとの／空　青くすむ……）＝広島県大田小学校のために（75年）
「河原」（河原に葦が茂ってる／大よしきりが鳴いている……）

「広い空」（広い空／広い河原／光って遠く流れる川……）（76年）
「梅の花ひらけ」（梅の花　ひらけ／空に向いて　土に向いて……）（77年）
「おちば」（おちば　おちば／大きな木から　ちらちらちらちら……）
「秋」（一人ぼっちの　いたちがいくよ　ふりむきふりむき　走っていくよ……）
「ゆずり葉の歌」（ゆずり葉の歌　きこゆ……）＝宝塚逆瀬台小校歌
「たんぽぽ」（たんぽぽたんぽぽ　きいろに咲くよ……）（78年）
「みんなであそぼ」（ナアチャン　タンチャン　あそぼ……）
「子どもの四季（春はどこからとんでくる　つくしの芽からとんでくる……）（79年）
＝これは合唱・朗読・会話を含む21連88行の叙事詩
オペレッタ「子どもの世界だ」〈朗読〉秋のあたたかい日でした……）（81年）
＝これは朗読・ソロ・合唱・舞踊等から成る長大なオペレッタ
「ほたるぶくろ」（ほたるぶくろの咲いていた道　一人で通った狭い道……）
「もじずりの花」（子どものころ　ていぼうでつんだ　もじずりの花……）
また島小時代に作られた「利根川の歌」が、歌い終わるのに10数分もかかる合唱組曲「利根川」に改作された。
斎藤の短歌は攻撃的なものが多いが、詩はすべて抒情詩である。最後の「ほたるぶくろ」と「もじずりの花」は斎藤が亡くなる1カ月前に作られた遺作で、氏の没後に作曲されたものである。

(2) 近藤芳美の斎藤追憶

右のうち冒頭の「空」という詩は、山口博人校長が校歌の作詞を依頼したのに対して、「校歌としないように」ということでこのような添え書きが付いたということである。山口校長はその後、新設の世羅中学校長に転じ、そこでも校歌の作詞を斎藤に依頼したが、近藤芳美の父親が世羅郡の出身であることがわかり、斎藤の助言で作詞を近藤に依頼することになった。近藤は「山々はまどかにめぐり／草も木も緑に萌ゆる／この国をふるさととして／みな明日へと生きん／語り合う思いはひとつ／手をとれば若さは光／みな明日へと生きん」(2、3番略)という詞を作った。

作曲は近藤幹雄。79年に完成した校歌の発表会があり、近藤は招かれて出席した。以下は、その発表会に関する近藤の文章である(「追憶など」『ケノクニ』斎藤喜博追悼号、82年6月)。

「若い女の先生が指導し、可憐な中学生たちがわたしの校歌を懸命にうたうのを気恥かしい思いで聞いたが、その前に幾曲かの合唱がなされた。見事なシューマンの「流浪の民」などもあったが、多くは知らない歌であった。そうして、それらがことごとく斎藤喜博の作詞であることをも知った。いつごろの仕事なのであろうか。歌はいずれも、晩年まで作りつづけた彼の短歌と違ってやさしく感傷的であった。そうしてそれを聞きながら、わたしはひとりだけの心に彼の博葵志のころの遠い青春作品の素朴な感傷世界のことを思い出していた。」

6　子どもが登場する斎藤の詩

（1）短歌と詩の両方を手がけた特異な存在

短歌は見たこと感じたことを31文字に凝縮して表現するのに対して、詩は文字を制限なしに連ねて表現していくから、歌人でも詩人でも短歌と詩は別物だと考える人が多いようで、実際アララギ派の歌人では島木赤彦を始めとして斎藤茂吉も土屋文明も短歌専門で詩は書いていない。近藤芳美は、いま見たとおり世羅中学の校歌を作詞したが、これは縁故関係で断れなかった仕事で、近藤の多数の歌集はすべて短歌である。だから、斎藤のように詩も数多く書いた歌人は特異な存在であった。

（2）子ども不在の短歌と子どもがいる詩

では、なぜ斎藤は詩を書いたのだろう。合唱のための詞が必要だったというのが直接の理由であろうが、そこにもう1つ、理由を付け加えることができそうである。

教師の短歌には子どもを詠ったものが多い。ところが斎藤の場合は、生涯に詠んだ3400首余りの歌群の中で、子どもが詠われているのは青年教師時代の「遅刻してゆく吾と教室の児童等とにこにこ笑ひ合ひて礼しぬ」など5首と、島小学校長時代の「生徒を雨の中に立たせ型の如く落成式は進められて行く」という1首だけである。このようなことから、なぜ斎藤は教師であるのに子どもを詠わなかったのかと不思議がる声がある。しかし一方、斎藤の詩を見ると、オペレッタ「子どもの世界だ」や壮大な叙事詩「子どもの四季」で自然の中での子どもの姿が描かれ、前掲のとおり「秋」や「みんなであそぼ」などにも子どもが出てくる。

（３）短歌、詩、散文の使い分け

このことから、私は次のように解釈する。

感動した情景を表現したり、理不尽な事象や人々に怒りや憤懣をぶつけるには、31文字に言葉を凝縮した短歌が効果的である。しかし斎藤にとって、子どもの姿を描くには短歌では短か過ぎたのであろう。そこで、字数の制限のない詩が表現形式として採られ、近藤芳美の感想にあるように、詩の中で子どもの姿が「やさしく感傷的」に描かれた。つまり斎藤にあっては、「抒情」が短歌から詩（詞）に移ったと言ってよいであろう。

しかし、詩は情感を表現するには適しているが、論理的に子どもの姿や行動を説明するには散文（文章）の方がよい。そこで斎藤の場合は、膨大な文章で教育の場での子どもが描かれ、詩で自然の中の子どもが詠われた。

3　児童作品の編集・出版とその周辺

1　『ゆずの花』

(1)『ゆずの花』の内容

本章の冒頭で述べたとおり、『ゆずの花』は児童の作品集で、斎藤が執筆したものではない。しかし、これは斎藤の著作物の原点ともいえる本なので（その意味は後述）、ここで取り上げておきたい。

この児童作品集の内容は、「長い綴り方」と呼んだ原稿用紙1～3枚ほどの綴り方が18編、「短い綴り方」と呼んだ児童詩（1）が196編、「調子のある綴り方」と呼んだ児童詩（2）が151編で、児童数はのべ168人である。ここでは、児童詩を数編引用してみよう。

〈短い綴り方〉

空　　　　3年　熊木　繁

けやきの木の上の水色の空／金魚を浮かべてみたいなあ

豚　　　　　　　　　　　　　　　　6年　町田充江
うちの大きな豚よ／隣りの豚に負けないで太れ／おいしいものをたくさん食べて／売られるときは元気でいけ
〈調子のある綴り方〉
雨降ってぬれたたんぼの草のなかに小さなかえるが飛びまわってる　5年　松下益男
母さんが桑つんでいるのが分かります桑がゆらゆらゆれております　6年　井田サチヨ

(2)『ゆずの花』という書名の由来

斎藤は、「ゆずの花はめだたないが清楚で美しい。私は幼時、茅屋の前にあった大きなゆずの木の下でよく遊んだのであるが、このことも今の私にはたまらなくなつかしい。しかも本集には「ゆずの花」と題する一編の詩があるので、とって本集の書名とした」と書いている。この詩は、「かんばしいにおいのする／ゆずの花／ゆずの花はやさしい花／蜂が止まって／ゆらゆらゆれる（6年　篠崎孝子）」というものである。

(3) 世に潜む斎藤の教室実践

『斎藤喜博全集』第2巻に収められた「ゆずの花とその回想」という文章で、斎藤は20ページにわたってこの児童作品集の内容と当時の時代状況を解説している。それによると、児童の入選作品が雑誌に載る時は指導者名をつけることになっていたが、斎藤は気恥ずかしさもあって、いつも「冬木博」という名で出していた。子どもたちには雑誌は見せず、また『ゆずの花』も

300部限定で私家版として出し、ごく内輪の人にだけ記念に頒けたものだという。

斎藤のこうした行動は、氏が「病弱で気弱」だったことも一因であろうが、もう1つ、氏が右の解説でくわしく書いているが、当時が狂気じみた太平洋戦争の時代だったことも大きな要因であろう。そんな時代に「兵隊さんよありがとう」式の戦意高揚の作文を書かせるならまだしも、抒情的な作文を書かせていたのでは、「文弱の徒」はては「非国民」という非難を浴びかねない。斎藤が「世に潜む」ことになったのは当然であろう。

(4)『ゆずの花』の意義

斎藤は、「そのころ私は、東北の生活綴方運動とも関係がなかったし、思想的なものも持っていなかった。どちらかといえばただ素朴に時代に恐れ時代に反発していただけだった。……したがって『ゆずの花』の作品は、どちらかといえば素直で清明である。もの足りないと思う人もあるかもしれない……けれども私は、学校教育においては、それでよいのだと考えている。子どもの世界において、自分のみた事実や自分の考えを、素直に的確に表現させることができれば、よいのだと考えている」と書いている。

2　生活綴り方教育との関係

(1) 国分一太郎の生活綴り方教育

斎藤が言及していた東北の生活綴り方運動について、ここでちょっと触れておきたい。生活綴り方といえば、まず国分一太郎（1911〜85）の名が思い浮かぶ。国分と斎藤は同い年で、国分は山形師範、斎藤は群馬師範を共に30年に卒業して小学校教師になり、共に熱心に子どもたちに綴り方を指導したが、子どもたちの作品の内容は異なる。

東北地方では、大地主に小作が搾取され、また度重なる凶作で栄養不良児激増、欠食・欠席児童続出という状態だった（津田道夫『国分一太郎』86年、三一書房）。そのため必然的に、こういう生活の現実をありのままに子どもたちに見つめさせ綴らせようとする生活綴り方の運動が昭和の初めから生まれていた。

そういう中で国分は教職についたが、34年に大凶作があって状況は一層深刻になり、これを契機に綴り方運動（国分は北方性教育運動と言う）は大きく広がり、国分はその中心人物の一人となった。綴り方教師の中には、子どもに「ブルジョア、プロレタリア」などという言葉を使わせる人もいたが、国分は穏健であった。彼は初任校で最初に担任した3年男組で『もんぺの弟』という文集を出したが、「生活詩集」と題した第2号では、60名の児童全員の詩を載せている。ここでは2編だけ引用する。

お父さん　　　　　　　　　　森谷　清

いねが　はさまって／手のつめが　いたいだらう／僕もあかぎれで　いたいなあ／おとうさん／ゆにはいろ／ゆにはいったら／ぴりぴりして　いたいだらう

お月様　　　　　　　　　　　　　　　　　土田　繁治

お月様の光で／わらすごく　お父さんよ／なんぼか　うれしいだらう／お月様を見い見いしてゐる／お月様よ／毎晩ではれ／しごと　するからよいぞ／まるくてらせ／どこまでもてらせよ／お月様

(2) 東北地方と関東平野の違い

このような作品と『ゆずの花』の作品との違いは明らかで、また、『ゆずの花』の作品を「ものの足りないと思う人もあるかもしれない」という斎藤のコメントもうなずける。作文教育のねらいは、「子どもに、自分のみた事実や自分の考えを素直に的確に表現させる」ことであると言えるが、出来上がった作品の内容がこのように異なるのは、東北地方の山形県と関東平野の群馬県とでは子どもたちの生活環境が異なっていたからだと解釈することができるのではないだろうか。

国分も斎藤と同様、学生時代には島木赤彦に傾倒し、家の庭には斎藤家と同様、全国各地の草木が植えられ、『いつまで青い渋柿ぞ』(86年、新評論)という戦後教育史の本では、39編のタイトルのほとんどが「タンポポ」「フクジュソウの花」「ユズリハ」など草木の名である。もし国分が関東平野で教師になっていたら、子どもたちに抒情的な詩を書かせたのではないかと思われる。

(3) 国分の歩んだ道と斎藤の歩んだ道

東北地方の生活綴り方教育は、戦争中は「アカ」と見なされて弾圧され、国分も教職3年目に検挙されて、以後校長らの厳しい看視の中で教室実践を続けたが、26歳の時に同僚の相沢ときと共に出した『教室の記録』が反体制的であるとして教壇を追われ、否応なしに文筆生活に入らざるをえなかった。そのため、結果的に国分は児童文学者・教育評論家として大を成した。それに対して斎藤は、戦時下に忍従の教室実践を続け、何度も転勤させられながらも教師生活を全うした。

斎藤は、青年教師時代から「授業」に全力を注ぎ、その中の国語教育の一環として作文（綴り方）を熱心に指導し、『ゆずの花』のような作品集をまとめたりしたが、戦後、校長になってからは「授業」が教師の仕事であることを強調し、作文教育については何も言わなくなった。

斎藤が島小学校長になった前年（51年）の2月に国分が著した『新しい綴方教室』（日本評論社）が綴り方教育のバイブルとして大いに売れ、その直後の3月には山形大学出身の青年教師・無着成恭が学級文集「きかんしゃ」を元に編み、国分が解説を書いた『山びこ学校』が爆発的に売れ、日本中で作文教育（綴り方教育）がブームになっていた。しかしそこでは子どもたちの作文だけが一人歩きをして、実際にどういう授業が行われたのかということは明らかでないことが多かった。元々授業を重視していた斎藤は、こういう傾向を批判し、あらためて「教師の仕事は授業だ」ということを強調したのだと思われる。

その後、斎藤と国分は日教組の教研活動や教科研の活動で行を共にして交際を深め、先に見たとおり、斎藤は島小最後の年には国分らの文学者を学校に招待し、「とくに、国分一太郎さんが、一度だけでも島小をみておいてくれたことはうれしいことだった」と書いたのであった。作文教育の道を斎藤は歩まなかったが、しかし氏は作文教育で国分の成し遂げた仕事に敬意を表し、また文学者としての国分にも尊敬の念を抱いていたのである。

【余滴6】斎藤の線画

斎藤は、『ケノクニ』に時おりカット絵（線画）を描いていた。それらはいわば余技なので、本文ではなくこの余滴で触れることにする。

教授学研究の会で斎藤に美術教育の指導を受け、児童のすぐれた版画作品「蜘蛛の糸」を生み出した小学校教師・福田鋭太が、『ケノクニ』の斎藤喜博追悼号に「匂うように美しい線」という追悼記を載せている。このタイトルは、斎藤の「僕はある日ある詩人の家へ行ってマイヨールの画集を見た。その素描の一つ一つが、その一つ一つの線が匂うように美しく、日本の天平時代の絵のような感じさえした」（「表現と人生」『全集』15－1、223頁）という文章から援用したものであるが、彼は『ケノクニ』の55年8月号の目次欄に載っている斎藤のペンの線画（左の写真）を「ここにはそれこそ一本もムダな線はない。……まるで一筆書きの絵を思わせる様な感もある」という書き出しで、次のように激賞している。

「細身のペン軸の下側の線はゆるやかな弧を描き後の端で上側につながりいく分波をうちながら太い握りの部分をつくっていく。その豊かなふくらみは一たんくびれてペン先を受ける部分へと脈打つ。そして小さくカーブしながらも厳然とした区切りで終っている。ペン先も見事である。上下それぞれ一本ずつで描かれ線は当然先端で一つになり、そのまま二ミリぐらいの針となってのびている。それが空をつきさす緊張感をもっている。ふくらんだにぎりにつけられた短い斜線は、ペンの軸という単調なものを限りなく豊かな物へと変える働きをしている。これだけでペン軸に色が見え、材質がうき出し、使いこまれた古さができ、所有者の愛情が表現されているのである。……」

そして福田は、「先生がマイヨールの素描で評したことば、『その一つ一つの線が匂うように美しく』はそっくりそのまま先生の絵にもあてはまるものだと思う。精神の豊かさとものごとを鋭く見ぬく目とが、匂うように美しい線をつくり出しているのだ」という文章でこの解説を結んでいる。

美術に疎い私は、「なるほど、こういう鑑賞をすることができるのか」と感心して読むしかないが、斎藤が生前この文章を目にしたら、どんなに喜んだことであろうか。病篤い床で、斎藤は「繪にかきてみたしとしきりに思ひをり十幾つ花咲くほたるぶくろの一枝」と詠んだ（『草と木と人間と』）。天は斎藤に、童話と共に、匂うように美しい線の「ほたるぶくろの一枝」を描く時間を与えてほしかったと思う。

あとがき

本書は、『事実と創造』（一莖書房）という月刊の小冊子に、09年6月号から現在まで連載してきた斎藤喜博に関する論評をまとめたものである。最初は、本書の第2章「教育（2）」に収録した「生涯の友・上野省策」という原稿しかなく、「一席読み切り」のつもりで載せたのであるが、不思議なことに、これを契機に新しいテーマのアイデアが次から次へと湧いてきて連載となり、しかもこれが40回を超えて本1冊分の分量になったのであった。これはもう、全く「斎藤喜博」という素材の持つ豊かさのお蔭である。

ただ、連載という性質上、全体としてエピソード集のニュアンスが濃いので、まとめてみた後で、もっと斎藤の教育を体系的に捉えた内容に書き改めたいと思ったが、今の私の能力ではちょっとムリであったのが心残りである。「他日を期したい」と言っても、年齢的に「他日」があるかどうかわからないが、生ある限り、今後も斎藤喜博研究に努めたいと思う。

本書の刊行には、一莖書房の斎藤草子さんの一方ならぬお世話になった。記して感謝の意を表したい。

２０１３年7月

小林　篤

人名索引

事項索引

〈著者紹介〉
小林　篤（こばやし　あつし）
1935年、長野県生まれ。
東京大学教育学部卒業。
名古屋大学、奈良女子大学等を経て兵庫教育大学名誉教授。

著書
『体育の授業』
『斎藤喜博の体育授業の論理』
『斎藤喜博——その体育指導を中心に』（一莖書房）
『授業分析法入門』
『すぐれた体育の実践記録に学ぶ』（明治図書）
『体育の授業研究』
『体育の授業分析』
『体育の授業づくりと授業研究』（大修館書店）
『体育授業の原理と実践』（杏林書院）他。

斎藤喜博——その全仕事——

2013年8月15日　初版第一刷発行

著　者　小　林　　篤
発行者　斎　藤　草　子
発行所　一　莖　書　房
〒173-0001　東京都板橋区本町37-1
電話 03-3962-1354
FAX 03-3962-4310

組版／四月社　印刷・製本／アドヴァンス
ISBN978-4-87074-186-7　C3337